Sejlflod Kommune
- på kryds og tværs

Poul Erik Kristensen

Sejlflod Kommune
- på kryds og tværs

2017

© 2017 Poul Erik Kristensen
Forlag: BoD – Books on Demand, København, Danmark
Tryk: BoD – Books on Demand, Norderstedt, Tyskland
ISBN 978-87-7188-495-1

Forord

Teksterne i denne bog er en samling af alle de lokalhistoriske artikler, der blev bragt i bladet *lokalhistorie for Sejlflod Kommune*, som blev udgivet i årene 1987-88. Med ganske få undtagelser står artiklerne i den oprindelige rækkefølge. Nogle ville måske have foretrukket, at de var blevet samlet lidt mere om de enkelte lokaliteter.

For mig har ønsket her i 2017 dog kun været det samme som i 1987, nemlig at binde en broget buket af forskellige og til dels også så specielle historier, at de kan læses med interesse i hele den nordøstlige del af Himmerland, altså især den tidligere Sejlflod Kommune. Så må læserne afgøre, om jeg fortjener nogle hug.

Poul Erik kristensen

Indholdsfortegnelse

Spritfabrikken

Det var i begyndelsen af året 1905, champagnepropperne knaldede eventyret ind på Beiers Hotel i Aalborg; en fransk ingeniør, mr. Renaud, et par købmænd fra Rendsborg og en tysk ingeniør havde holdt deres indtog i byen om morgenen, havde i løbet af dagen foretaget en udflugt med Hadsundbanen og var om aftenen vendt tilbage til Aalborg; de rejste og kom igen med korte mellemrum, og hver gang skummede champagnen på Beiers Hotel.

Det varede en tid, inden den store plan sivede ud. Men en skønne dag fik et aalborgblad fat i historien, og den aften tog hele Aalborg sig et billigt grin; men smilet forsvandt, da de første byggematerialer 14 dage efter begyndte at hobe sig op ved Vildmosegaarden, langt fra bane og alfarvej.

Grundlaget for den hele plan var i følge Aalborg Amtstidende en opfindelse, den franske ingeniør Renaud påstod at have gjort, og hvorved han var i stand til at udvinde indtil 25 procent råsprit af mosejord, det såkaldte "hundekød". Den officielle videnskab herhjemme havde ikke drevet det til mere end ca. 6 procent og så med skepsis på den franske eksperimentator. Denne fremlagde imidlertid en attest fra Institut Pasteur i Paris, hvorefter det virkelig syntes som om han havde ret.

Det var lykkedes ham - det fik man syn for - at interessere en mægtig kapital for sin opfindelse. Et fransk-tysk selskab blev dannet. I spidsen for det som direktør kom købmand Rehder af Rendsborg og ingeniør Renaud. Lensgreve Schimmelmann overlod det 300 tdr. land ude ved Vildmosegaarden - efter sigende mod aktier for 300 tusinde kr. i foretagendet.

Fabrikken rejste sig med rivende hast; de fleste af bygningerne var af træ; kun kedelhuset og den høje skorsten var murede. De fleste af de mægtige maskiner, der anskaffedes, var brugte; dampmaskinerne kom således fra en falleret sukkerfabrik i Otterslo og de to store kedler fra en tekstilfabrik i Sachsen.

I december 1905 stod fabrikken monteret og færdig til at tages i brug. Den var da anlagt til at kunne fremstille 6000 potter sprit i døgnet og til at beskæftige 40 mand, delt i et daghold og et nathold.

Det skulle gå uafbrudt!

Men ser man Hadsundbanens vareoversigter igennem fra 1905 til 1908, vil man forgæves spejde efter gruppen sprit som udførselsgenstand fra Kongerslev Station. Der er næppe produceret 6000 potter i alt i de 3 år, fabrikken har bestået. Ved en enkelt brænding blev der fremstillet 4000 potter, men det er højden af, hvad man har drevet det til. Det hele var kun forsøg, erklærede mr. Renaud.

En dag ankom der en sending majs fra Aalborg, som blev afhentet til fabrikken.

- Hoho! sagde skumlerne. Det er på den måde, man laver tørvesprit!

Majsen blev til at begynde med anvendt som "forbrænding". Men folk, som har set virksomheden på nært hold, påstår dog, at der ikke har været fiksfakserier i den retning. Det lykkedes virkelig at lave sprit udelukkende af mosejord. Med hvilket udbytte, procentvis set, derom ved kun de indviede og interesserede besked.

Mr. Renaud hævdede til det sidste, at forsøget var lykkedes!

Der var til tider op mod 100 mennesker beskæftiget ved fabrikken: montører, ingeniører, arbejdere, tjenere osv. Der byggedes stadig om og om igen. Pengene rullede, og de handlende i Kongerslev og Dokkedal - navnlig de sidste - gjorde glimrende forretninger.

Engang sidste år overgik driften af fabrikken til en ny ledelse. Om til et nyt selskab, ved man ikke rigtig besked med. I spidsen for driften kom en direktør Jacobsen, København, og en cand. pharm. Steenstrup. Siden januar i år har fabrikken ikke været i gang. I de sidste måneder har der ikke været andet personale derude end den russiske ingeniør Eugen Tornawski, som sammen med sin hustru har boet i Dokkedal.

Og han har nu i forskellige blade ladet indrykke følgende bekendtgørelse:

"Den i Lille Vildmose liggende tørvespiritusforsøgsfabrik, tilhørende det Fransk-Tyske Tørvespirituskompagni, ønskes solgt samlet eller delt. Alle oplysninger meddeler ingeniør Eugen Tornawski, Dokkedal pr. Mov. Besøg på fabrikken, der må forud anmeldes, er tilladt hver søgnedag."

I december 1905, altså lige efter starten, blev fabrikken med maskiner ansat til en vurderingssum på 200 tusinde kr., men senere er der anskaffet mange nye maskiner og bygget til. Alle direktører, entreprenører og farmaceuter havde meget store gager, indtil 25.000 kr. om året. I de 4 måneder i vinteren 1905-06, da fabrikken "gik", kostede det 1200 kr. i døgnet at drive den.

Man regner ikke forkert, når man anslår den kapital, der siden 1905 er omsat ude i Vildmosen, til mellem 1 og 2 millioner kroner.

Nu er det slut!

Der realiseres! Samlet eller delvis! Men hvem vil købe? Hvem vil slæbe de store kedler op af moseklæget?

Folk, der står det nuværende aktieselskab nær, påstår, at fabrikken kun skal flyttes. Mr. Renauds forsøg er lykkedes. For at forrente sig skal fabrikken blot flyttes - enten ud til kysten eller ind mod banen.

Men de færreste tror på den forklaring. Salgsannoncen i bladene synes også at tale et andet sprog.

Det er trist, men eventyret i Vildmosen er vistnok omme!"

Ja, vist er det trist, at så mange penge har skullet ødes; men lad det være os heri landet en trøst, at det dog næppe er nogen stor part af tabet, der falder på danske, takket være de advarsler der straks lød fra Moseselskabets side.

Denne begivenhed vil heller ikke få mindste indvirkning på det almene omdømme om mosesagens værdi her i landet.

Kilde: Mosebladet, juli 1908.

*

Der er nok ikke ret mange, der ved det, men spritfabrikken er faktisk nævnt i en kendt dansk roman, Daglejerne, der er skrevet af Hans Kirk og foregår i egnen omkring Hadsund:

"Ude i en mose østerpå havde de engang prøvet på at lave brændevin af tørv. Det havde kostet mange penge, og der var ingenting blevet af det."

I sin roman lod Hans Kirk spritfabrikken komme før cementproduktionen nede ved Assens. Det er noget sludder, men for den slags er der jo frit slag i en roman. Tværtimod ved vi nemlig, at mindst en af spritfabrikkens arbejdere, Laurids Larsen, tidligere havde været cement-arbejder på en af fabrikkerne ved Assens. Han flyttede til Dokkedal, fordi spritfabrikken kørte med forholdsvis høje lønninger for at tiltrække arbejdskraft. Laurids Larsen kom til at tjene et par ører mere i timen, og det var mange penge.

Da spritfabrikken blev nedlagt, var Laurids Larsen som andre lokale med til at brække bygningerne ned. Annoncen i 1908 havde altså ikke været til stor nytte!

Henry Nielsen, Kærsholm, der er født i 1901, husker tydeligt fra sin tidlige barndom, da den store rødmalede dampkedel blev transporteret ud til spritfabrikken. Det var datidens førende vognmand i Aalborg, vognmand Lundby, der stod for transporten fra Aalborg og ud til fabrikken. Det var bestemt ikke nogen lille opgave.

Kedelen var så stor og tung, at den måtte fragtes på en blokvogn. Henry Nielsen kender ikke den nøjagtige rute fra Aalborg, men han mener, at det må være foregået over Lundby Krat og Lillevorde, når han tænker tilbage på vejforholdene i begyndelsen af århundredet.

Vognmand Lundby havde påtaget sig at klare transporten som et stykke akkordarbejde, og det er nok et spørgsmål, om det var nogen særlig god forretning. I alt fald fortæller Henry Nielsen, at turen varede næsten to måneder. De små veje var jo slet ikke beregnet til at kunne klare vægten af et sådant monstrum, som nu kom listende gennem vort landskab. Det tog således adskillige dage bare at komme igennem Kærsholm.

For at vejene overhovedet kunne klare det store tryk, måtte der lægges brædder foran blokvognen, og så måtte hestene ellers trække efter bedste evne. Hvor det var muligt, lettede man arbejdet ved at lægge taljer omkring telefonpælene. Når blokvognen på denne måde var kommet nogle meter frem, kunne hele den møjsommelige proces gentages. Brædderne skulle flyttes og taljerne sættes om den næste telefonpæl.

Der fulgte 12 spand heste med blokvognen. Dog var de ikke alle i sving på samme tid, da de nødvendigvis måtte have hvile mellem det hårde slid. Om natten var hestene indkvarteret på en ejendom i Kærsholm, medens folkene var indlogeret på Gudumholm Hotel.

Henry Nielsen fortæller også, at man ude i Kærsholm kunne følge opførelsen af spritfabrikkens store skorsten. Dengang var der ingen træer, som spærrede for udsigten udover Vildmosen. Skorstenen blev bygget af murermester Marinus Nielsen, Mou, som var ud af en gammel murerslægt. Da de sidste sten blev lagt, fik Marinus Nielsen vistnok et guldur af fabrikken for veludført arbejde.

Notitser fra avisen i 1954

En sommersøndag i 1954 kunne man i avisen Ny Tid bl.a. læse følgende:

I det øverste hjørne af Østhimmerland, i trekanten mellem Limfjorden og Kattegat, ligger byerne Storvorde, Gudumholm, Mou, Dokkedal og Egense. Det er en skøn egn og en egn med mange historiske minder.

Vi har lige fuldført et stort vejarbejde, fortæller kommunekasserer Tinus Poulsen, bl.a. er vejen fra Storvorde til Gudumholm blevet asfalteret. Det samme gælder Stationsvejen. De forskellige arbejder har i alt kostet 200.000 kr. Andre af kommunens veje er ved at blive grundforbedret, rabatterne skæres væk, ligesom det kommunale vejnet gruses og tromles i denne tid, så alle mand er i arbejde.

Skoleplanerne ligger foreløbig stille på grund af den vanskelige materialesituation, men vil blive taget op lige så snart forholdene bedrer sig.

Til gavn og glæde for kommunens unge har man nord for Sejlflod indrettet en ny sportsplads til 37.000 kr., så de unge rigtigt kan dyrke idrætten under gode betingelser, slutter kommunekassereren.

Mou Sogn er Fleskum Herreds største sogn, idet hele Lille Vildmose hører under sognet. Sognerådsformand Karl Jensen fortæller, at man har planer om at istandsætte vejen fra Hurup til Egense. Det er en vej, der går gennem et meget smukt landskab langs Kattegats kyst, og det vil kunne blive en stor turistattraktion, siger sognerådsformanden, men da det er et vejfondsarbejde, må det foreløbig ligge stille, til der kommer penge i kassen.

Planerne om et alderdomshjem er også stillet i bero foreløbig på grund af materialemanglen, slutter sognerådsformanden.

I Dokkedal er fiskerne i gang med en stor indsamling for at få en tiltrængt fiskerihavn. Langs østkysten er der om sommeren et rigt badeliv, og mange mennesker fra omegnen kommer på udflugt til havet.

Lille Vildmose er kun på den ene side omgivet af land, mod øst er der kun den smalle revle mellem mosen og havet, der, som det hedder "i Muldbjærge strammer sig op til at præsentere Danmarks eneste bjerglandskab."

Mou er en meget gammel landsby, der først sent fik sin kirke. Folk fortæller, at de yderste sognefolk, der søgte Sejlflod Kirke, havde tre stive mil til kirke.

Dokkedal er en af de ensomste landsbyer i Danmark, fattigt og slidsomt har det været derude, men i 1500-tallet var byens storhedstid. Da søgte sildestimerne dertil om foråret, og der blev fanget og saltet mange sild. I 1567 fik kongens salter 36 tønder øl à 120 potter. Han købte sild til hærens og flådens behov. Han har ikke behøvet at tørste på sin ensomme post!

Lille Vildmose er ca. 55 kvadratkilometer stor, den er ca. 15 km lang og 3-5 km bred. Den strækker sig over 2800 ha.

Nu er der god gang i kultiveringen af mosen med "Nopsagården" som centrum. Der er store græsningsarealer, og der drænes og kultiveres på fuld kraft i den vidtstrakte mose. Glemmes må det ikke, den betydning mosen har fået de sidste år ved tørvegravningen til at supplere vore beholdninger af brændsel.

Kilde: Ny Tid den 20/6 1954.

Penneven med Grundtvig

I Samlinger til Jydsk Historie og Topografi fra 1893 har Chr. Brønnum skrevet en stor artikel om de omfattende fabriksanlæg ved Gudumlund og Gudumholm. Denne artikel, der indeholder et væld af oplysninger, vil vi referere til flere gange i bogen.

Her skal blot siges så meget, at Chr. Brønnum ved samme lejlighed også omtaler Fabriksskolen ved Gudumholm, der blev anlagt i 1804. Om lærer Gregers Bech, der blev ansat i 1812, skriver han bl.a., at han holdt kristelige aftenmøder for voksne, og at han var en ungdomsven af N.F.S. Grundtvig, vor store salmedigter. Det sidste er dog ikke rigtigt, men der var en svag forbindelse, som vi vil søge at belyse i det følgende.

I det offentliggjorte værk ”Breve fra og til N.F.S. Grundtvig”, finder vi nogle stykker både fra og til lærer Gregers Bech ved Fabriksskolen i Gudumholm. Det første af disse breve er fra Gregers Bech, og det er dateret den 20. august 1828. Brevet indledes på følgende måde: ”Min længsel efter noget til læsning af, hvad De i den sidste tid har skrevet, er endelig blevet vel tilfredsstillet; thi for ikke længe siden modtog jeg l.ste bind af Deres christelige prædikener og senere en snes exemplarer af Deres nye bibelkrønike.”

Den sidste skulle bruges som skolebog, og her kan det vel nok imponere en smule, at der kunne blive råd til 20 styk. Bech skriver nemlig senere i det samme brev, at der rundt om ved skolerne i de næste ti år næppe vil være råd til at købe selv en katekismus til de fattigste børn, da der skal købes gymnastikapparater.

I sit brev både roser og kritiserer Gregers Bech de to bøger. Brevet ligner faktisk på mange måder en ren boganmeldelse, men på trods af også de kritiske røster er det tydeligt, at vor lokale skolelærer nærer en grænseløs beundring for den store profet. Brevet slutter således: "Hvad De, kæreste hr. Grundtvig! er for mig, og hvor højt jeg ærer og elsker Dem, det ved kun Han, som ser i det skjulte. Forsmå ikke min højagtelse og hengivenhed! Skænk mig stundom en venlig erindringstanke, og indslut mig omhyggelig i Deres forbøn! - At jeg ønsker De må leve vel, og længes efter brev fra Dem, er en selvfølge."

Grundtvig har vel ikke haft tid til at føre nogen større korrespondance med skolelæreren fra Gudumholm, men i 1832 takker sidstnævnte dog for et brev, så der var jo trods alt blevet etableret en vis forbindelse i 1828.

I 1832 betegner Gregers Bech sig selv som en af Grundtvigs fraværende venner og disciple, men nu håber han på en lidt nærmere forbindelse, da det er hans agt at gennemføre sit gamle ønske: "at se Dem, ansigt til ansigt, tale mundtligt med Dem og høre Deres prædiken, er i denne tid blevet så levende i min sjæl, at, vil Gud, agter jeg at holde pinse i København. De bliver dog vel hjemme i sommer? De prædiker formodentlig hver søndag? De har jo intet imod at jeg kommer, og har nok et par timers tid eller lidt mere at opofre til samtale med mig?"

Det er muligt, at Gregers Bech virkelig gjorde den lange og besværlige rejse til København, men det kom i alt fald ikke til noget personligt møde med Grundtvig, hvad vi senere vender tilbage til.

I de følgende år mistede Gregers Bech en hel del for Grundtvig, idet han slet ikke kunne følge dennes liberale indstilling. Bech følte det som et slag mod sig selv personligt og mod alle andre gode kristne skolelærere, da Grundtvig gik til kamp mod den tvungne religionsundervisning i skolen. Bech forsøgte endda at få det vi i dag ville kalde en læserbrevsdebat om emnet med Grundtvig, hvilken opfordring sidstnævnte dog sad overhørig. Det endte med, at Grundtvig i stedet for sendte et privat brev i

1837, men det gode forhold var brudt, og der er ingen tvivl om, at det voldte Bech stor smerte.

Da Grundtvig blev ansat som præst ved Vartov Kirke, fandt Bech her en anledning til at genoptage forbindelsen ved at sende et lykønskningsbrev, som han indledte med "Højstærede ven og lærer i Christo!" Han kunne dog ikke lade være med at komme med en bitter bemærkning:

"Er end Deres dom over den virksomhed, hvormed jeg tror at tjene Gud og gavne næsten, og det misforhold mellem os, som den gav anledning til, noget af det tungeste jeg har oplevet; min højagtelse og kærlighed skal De ligefuldt beholde." Og som afslutning: "selv om jeg måtte antage, at jeg i den senere tid var blevet Dem mindre kær end tilforn!"

Grundtvig har muligvis bare lagt dette lykønskningsbrev hen i bunken. Der var jo egentlig heller ikke så meget at svare på, men i 1840 forsøgte Gregers Bech med et nyt brev igen at rejse det gamle spørgsmål, og denne gang svarede Grundtvig straks og det med en temmelig hvas indledning: "Om det var mig kært eller ikke igen efter så lang tids forløb at se brev fra en mand, jeg i mange år betragtede, skønt mig personlig ubekendt, som en varm ven af mig og af levende kristendom, det ved jeg endnu ikke selv, da erfaring har lært mig at lægge langt mindre vægt på skrift, af hvem jeg ikke har set ansigt til ansigt og talt mundtligt med."

Herefter prøvede Grundtvig så endnu engang at forklare Bech sine synspunkter, men afstanden mellem dem var for stor. Gregers Bech forsøgte sig atter med et brev, og denne gang langt mere anklagende end tidligere, men nu var det tilsyneladende slut med Grundtvigs tålmodighed. Bech havde allerede fået sit sidste svar.

Kilde: Breve fra og til N.F.S. Grundtvig. Bind 2, udgivet af Georg Christensen og Stener Grundtvig. Gyldendalske Boghandel 1936.

Fiskerhuset i Storvorde

Det lyder måske en smule flot at sige, at Storvorde engang har været havneby, men for et par hundrede år siden var der nu noget om snakken, og det hænger sammen med historien om Gudumlunds Fabrikker.

Den energiske godsejer, Friedrich v. Buchwald, havde overtaget Gudumlund i 1776, og allerede året efter påbegyndte han et omfattende kanalgraveri for at afvande godsets store kærstrækninger. Kanalgraveriet begyndte ved Storvorde, hvor åen løb ud i Limfjorden. Det var jo den vej, Buchwald skulle have afledt alt det overflødige vand. Men som beskrevet så mange gange før, var Buchwald en foretagsom mand, der også snart begyndte at opføre forskellige fabrikker; noget der dog blev videreført i endnu større stil, efter at Buchwald i 1798 havde solgt hele herligheden til grev Schimmelmann.

Ved Gudumlund og Gudumholm blev kanalernes vandkraft benyttet til at drive de nødvendige maskiner. Samtidig var kanalerne en vandvej, ad hvilken de færdige produkter kunne transporteres ud i den vide verden. For et par hundrede år siden var vandvejen ikke blot den billigste transportvej, men jo faktisk også den eneste reelle mulighed, når der skulle transporteres gods i større mængder.

Buchwald startede med at lade sine kanaler have en bredde på ca. 5 meter, men i 1802 var den del af kanalsystemet, der førte ud til Limfjorden, og derfor også blev kaldt Fjordkanalen, oppe på en bredde af ca. 20 meter foroven ved vandoverfladen. Her kunne man sagtens sejle med fabrikkens egne store pramme, der var ca. 17 meter lange og havde en bredde på ca. 3 meter. Disse havde både dæk, sejl og anker, og de sejlede rundt til Limfjordens havne med kalk og teglsten.

I teorien skulle også mindre skibe sagtens kunne sejle i Kanalen, men især ved Storvorde ved udløbet til Limfjorden aflejrede der sig hele tiden en masse mudder og dynd, som lagde hindringer i vejen. Ganske vist blev der jævnligt foretaget opmudringsarbejde, men det var ikke nok. I 1797 tog Buchwald i følge Chr. Brønnum konsekvensen heraf:

"Ved Storvorde Ås udløb i Limfjorden blev 1797 fra Klarupgaards gods erhvervet 1 stykke jord og derpå opført et hus med bolværk ud mod åen. Huset og jorden havde en dobbelt bestemmelse, dels blev fabrikkens produkter her foreløbig oplagte for desto hurtigere at kunne fås om bord i skibene, og dels kunne huset give staldplads til de heste, som trak fabrikkens pramme ud til Fjorden; men ved siden deraf var det tanken, at limfjordsfiskerne, særlig sildefiskerne, skulle have et tilholdssted, hvor de kunne tørre garn og salte silden, til hvilket sidste det sandsynligvis var meningen at levere saltet fra fabrikken. Desuden holdt fabrikken sin egen fisker i huset, som havde forpligtelse til mod en vis billig betaling at levere hele sin fangst til fabrikken. Huset hedder endnu Fiskerhuset." (skrevet i 1893).

Og hvad var det så for nogle skibe, der lagde til ved Fiskerhusets bolværk i de kommende år? Det var naturligvis først og fremmest fabrikkens egne søgående skibe: Gudumlund, Den Unge Didrick, Neptunus, Catrine Cæcilie og Fortuna, som i begyndelsen af 1800-tallet havde travlt med at sejle kalk til København. Her blev der f.eks. leveret kalk til Københavns Rådhus, Christiansborg Slot og til St. Hans Hospital. I øvrigt blev en stor del af kalken ellers solgt til københavnske murermestre, straks når skibene lagde til havn. Til at tage sig af resten havde fabrikken opbygget sin egen salgsorganisation i hovedstaden.

Der blev naturligvis også leveret kalk til mange andre lokaliteter; ikke blot danske men også norske og svenske.

Her gjaldt dog den regel, at køberne selv måtte sende skibe, da fabrikkens egne havde nok at gøre med at forsyne København.

Hvor stor trængselen har været ved Fiskerhuset, kan vi fornemme af følgende citat, hvor Chr. Brønnum refererer til året 1805:

"Grev Schimmelmann måtte give administrationen bestemte regler for, i hvilken følgeorden de ankommende skibe skulle lastes. Der var nemlig nogle skippere, som til greven havde beklaget sig over, at de ikke blev besørgede i den orden, de ankom, men som administrationen var venner med skipperne til."

I disse år blev der også solgt en masse mursten og tagsten fra teglværket, som var blevet flyttet fra hovedgården hen til kalkværket i Gudumholm i 1799, men med krigen i 1807 var fabrikkernes storhedstid forbi, og snart efter ophørte de med at have egne skibe.

Hermed forsvandt også Storvordes muligheder for med tiden at blive en rigtig havneby. Om de mange fremmede skibe, der lagde til ved Fiskerhusets bolværk, overhovedet havde nogen betydning for samtiden, lader sig vel ikke engang registrere. Storvorde Sogn havde i 1801 kun 305 indbyggere, og da det var mere end et halvt århundrede før næringslovens gennemførelse, var det ikke muligt at drive officiel handel med de fremmede.

I dag kan vi bare konstatere, at hvad, der havde kimen i sig til noget stort, blev bremset allerede i opløbet. Selve Fiskerhuset, eller Fjordhuset, som det også kaldes, blev dog stående, og det gør det den dag i dag, skønt det nu har over 200 år på bagen.

I det 20. århundrede var Fiskerhuset i mange år beboet af fiskeribetjent Ulstrup. Senere blev det solgt til en barberbladsfabrikant og derefter til restauratør Kaj Rold, som ejede det gennem flere årtier.

En særpræget præst i Kongerslev

I Kongerslev var der flere særprægede præster i forrige århundrede. Man har ligefrem talt om de "tovlige præster", uden at dette udtryk dog på nogen måde skal opfattes nedsættende. Dr. phil. Peter Hansen hørte nok til i den milde ende af denne kategori, men han havde bestemt sit særpræg.

N. Jul Petersen, præst i de samme sogne i 1950'erne, offentliggjorde i 1955 en kronik i Aalborg Amtstidende om sin forgænger. Denne kronik vil vi nu bringe i uddrag, idet vi nøjes med at citere de afsnit, som har lokal interesse.

I sommeren 1874 fik den gamle præstegård i Sønder Kongerslev nye beboere, idet den lærde præst, dr. phil. Peter Hansen da var bleven kaldet til Sønder- og Nørre Kongerslev samt Komdrup menigheder dengang i Viborg Stift. Det var en forflyttelse inden for stiftets grænser, idet dr. Hansen kom fra Højslev, Dommerby og Lundø Sogne ved Skive.

Peter Hansen var født 1817 i Flensborg, teologisk kandidat fra Kiels Universitet i 1842, blev dr. phil. omkring 1850, præst i Sønderjylland og flere andre stillinger, før han kom til Kongerslev.

Pastor Hansen var på sine ældre dage overmåde bange for at blive forkølet, hvorfor han var en erklæret hader af al fugtighed. Denne egenskab har vel gjort sit til, at han søgte fra det barske Højslev med de fugtige veje til Lundø til det mere milde Kongerslev. Men også her forfulgte fugtigheden ham - dog på en anden måde.

Efter at han havde haft den store sorg 2. juledag 1877 at miste sin hustru, blev han en ensom mand. Og da han efter sigende hverken var nogen praktisk mand eller havde overdreven økonomisk sans, gik tingene slet ikke for ham med det store præstegårdslandbrug, som han helt måtte overlade sine folk at tage sig af. Det var derfor til stor hjælp og glæde for den efterhånden gamle mand, da hans næstældste datter i 1884 flyttede hjem til Sønder Kongerslev Præstegård med sin mand, der nu tog sig af avlingen.

I præstegården var der efter gammel bondeskik uferniserede gulve. Og pastor Hansen, der altså hadede fugtighed, ville ikke have gulvene ferniserede, for så skulle de jo tit vaskes, og det ville han for sit helbred ikke tillade. Det blev derfor et stort problem for datteren, hvordan hun kunne snige sig til at få skuret de rå gulve, uden at præsten opdagede det. Hvis det skete, kunne han blive meget vred. Han havde nemlig et heftigt sind og kunne med mellemrum blive noget hidsig. "Mere end een gang havde hun bestilt koner til at gøre det om aftenen efter sengetid", fortæller datterdatteren; "men anede bedstefar uråd om, hvad der skulle ske, forbød han det, og mor måtte sende konerne hjem. Så snart bedstefar var på langtur i sognet eller i en anden præstegård, måtte der så skures og gøres alt for, at det var tørt så hurtigt som muligt."

Om livet i øvrigt i den gamle stråtækte præstegård er der ikke meget at fortælle. Det har vel formet sig som oftest i forrige århundredes præstehjem. Dr. Hansen var en tidstypisk præsteskikkelse, "en herre af den gamle skole, altid i sort diplomatfrakke". Børnebørnene husker ham som den fine, gamle mand med lange grå lokker, når han vandrede op og ned ad gulvet i den store spisestue med hænderne knyttet på ryggen, "af og til stod han stille ved den store kakkelovn, i hvis ene kogerum stod en stor kop te, som han af og til drak lidt af, og så fortsatte han vandringen memorerende på sin prædiken eller på et eller andet problem, der optog ham."

I sine sogne var han i sin velmagtstid en god mand, der, som det hed, ikke sparede sig selv for nogen møje.

Der lades ikke tvivl om, at han på det sidste var noget
svækket på legemet. Syn og hørelse var dårlige. Men han
var en agtet og respekteret mand. Da han i 1889 tog sin
afsked i en alder af 72 år, flyttede han til en datter ved
Skive. Inden han rejste, lod han de to ældste heste på går-
den skyde, "thi de heste, der havde tjent ham tro, skulle
ikke slide og slæbe på deres gamle dage." De to yngste
heste tog han med til Skive; men da en kusk en dag havde
kørt dem skumsvedt, blev de skudt næste morgen. Hans
heste skulle ikke misbruges.

Pudsigt nok traf jeg forleden over et vers af et afskeds-
digt, som han skrev på det sidste her i Kongerslev. I den
gamle præstegårdshave, der lå inden for et stengærde, der
løb ca. der, hvor Danmarksgade, Doktorgaden (nu N.P.
Gravesensvej) og Jyllandsgade nu går, var der en del sto-
re, meget gamle popler. En nat på slutningen af hans em-
bedstid, segnede et af dem under en storm. Denne ople-
velse har bragt den gamle mand til at tænke på sin snarli-
ge afsked. Og en af dem, der endnu kan huske ham fra
skolens eksamensdage, har nu for nylig citeret for mig det
første vers af nævnte afskedsdigt, som han nok har læst op
for børnene ved den sidste eksamen, han holdt.

Det lyder efter hukommelsen sådan:

> Der stod et gammelt poppeltræ
> i præstegårdens have.
> Jeg er som dette poppeltræ,
> mod enden alt mon lave.
> En storm har kastet poplen om,
> til mig kom også alderdom,
> at jeg herfra må drage.

Man mærker vemoden hos den gamle, grålokkede
præst, der efter en årrække bereder sig til at flytte fra sit
sogn, måske det sted, hvor han havde sine bedste år, men

også det sted, hvor han havde haft sit livs største sorg, da hans trofaste hustru døde.

Den 24. april 1903 døde denne gamle kongerslevpræst hos den datter, der var flyttet til ham efter hustruens død i Kongerslev. Hun og hendes mand var da flyttet til Frederiksberg. Pastor Hansens sidste år var svære og smertefulde på grund af en tiltagende koldbrand. Men aldrig kom der klage over hans læber, "altid var det godt, altid taknemmelig mod Gud og mennesker, aldrig nogen knur."

Den 30. april 1903 begravede sønnen, den kendte præst inden for Indre Mission, Carl Christoph Julius Asschenfeldt Hansen ham fra Sønder Kongerslev Kirke.

Dr. Hansen var den sidste præst i den gamle præstegård, der var opført i 1708. I den følgende præst, Carl Eli Wolffs tid, blev bygningerne solgt og til dels brudt ned. Stumper af den findes endnu i gamle huse i Sønder Kongerslev. Den sidste rest af rollingen findes endnu bag Sønder Kongerslev Hotel, og dørstolpen med årstallet sidder stadig i muren. En enkelt sten fra den gamle havevold sidder nok endnu ved Doktorgaden; men ellers er sporene af såvel husene som den store have nu borte.

Uddrag af sognepræst N. Jul Petersens kronik i Aalborg Amtstidende mandag den 21. februar 1955.

Fra Mou Afholdsforenings barndom

Omkring midten af forrige århundrede blomstrede smugkroerne flere steder i Sejlflod Kommune, og man kan vel vanskeligt finde et sted, hvor de har haft bedre kår end i den gamle Mou Kommune. Bortset fra en enkelt afviger havde tidens sognerådsmedlemmer ingen ønsker om at gribe ind over for denne illegale brændevinsdjævel, og der kunne endda nævnes flere eksempler på, at spiri-

tussen snarere blev opfattet som en velsignelse end som
en forbandelse.

Denne holdning var faktisk så markant, at vi tør formo-
de, at det også må have været den generelle holdning ude
blandt befolkningen, men i alt fald senest omkring 1880
var der dog ved at opstå en betydelig opposition. Det var
trods alt ikke alle, som anså de berusende drikke for at
være en Guds gave.

I 1881 kaldte den kendte afholdsagitator Claus Johann-
sen fra Vårst til møde i Mou Skole. Han skriver selv i sine
erindringer, at "begge de store sale var fyldte til sidste
plads." Nogle var måske nok kun kommet for at få en
smule adspredelse i hverdagen, men der var bestemt gro-
bund for de fremsatte ideer.

Da mødet var ved at være forbi, var der en ældre mand,
der rejste sig og foreslog, at de alle skulle slutte sig til
afholdstanken, men nu skete der imidlertid noget helt
utroligt.

Byens skolelærer rejste sig op og sagde, at det ville han
fraråde. Han fandt nemlig, at spiritus var en god ting, og
han plejede altid selv at drikke en romtoddy hver aften,
inden han gik i seng.

Disse udtalelser vakte en hel del opstandelse, og til af-
holdsagitatorens skuffelse blev der ingen afholdsforening
dannet den aften, men mødet havde alligevel ikke været
forgæves. Tankerne var blevet sat i sving, og et par år
senere var den lokale afholdsforening en realitet.

I det følgende skal der ikke gøres noget forsøg på at
skrive Afholdsforeningens historie. Vi vil nøjes med at
fremdrage en række pluk fra den første forhandlingspro-
tokol, som slutter i 1907.

Den første sætning i protokollen lyder som følger:

"Løverdagen den 27. oktober 1883 stiftedes Mou Sogns
Totalafholdsforening med 32 medlemmer."

14 dage senere lod foreningen afholde et foredrag ude i Egense Skole, og der blev da tegnet 20 nye medlemmer.

Foreningen var ivrig til at afholde møder i de kommende år rundt om i kommunens skoler. Talerne var forskellige kendte afholdsagitatorer; især møder vi en hr. fiskehandler Frederiksen igen og igen. Et af formålene med disse møder var at hverve nye medlemmer. Det skete selvfølgelig også nu og da, men der må også have været en del, der meldte sig ud igen, for i 1890'erne stagnerede medlemstallet omkring de 60.

Vi ved det ikke, men det var måske de lokale modstandere, der kunne tage stagnationen til indtægt. Den mest prominente af disse var vel nok pastor Hausted, som i 1897 gik så vidt som til at forbyde foreningen at afholde møde i Dokkedal Skole.

Afholdsforeningen begyndte efterhånden lejlighedsvis at engagere skuespillere. Det skulle jo være så godt, men det kunne også give problemer. I 1898 var der således en skuespiller fra Odense, som oplæste forskellige småting, der gjorde stor lykke hos de fleste, men en af tilhørerne tilhørte Indre Mission, og han mente, at nogle af teksterne var upassende. Det udviklede sig til en kraftig diskussion, som endte med, at missionsmanden forlod mødet.

Medlemmerne af afholdsforeningens bestyrelse var dog tilsyneladende godt tilfredse med den omtalte skuespiller. Han blev engageret flere gange, og der kom altid mange tilhørere.

Det gjorde der også i 1904, da man havde engageret et skuespillerægtepar fra København. De oplæste et skuespil, der hed "Hjælpen". Om denne aften hedder det i forhandlingsprotokollen:

"Parret gjorde god lykke, men moralen i stykket var dårlig, hvilket lærer, at man ikke skal lade fremmede læse ukendte ting op."

Afholdsforeningen gjorde i det hele taget meget ud af at afholde festlige sammenkomster. Foruden den nævnte form for arrangementer blev der holdt sommerfester ude i Høstemark Skov, og der blev også holdt nogle julefester.

Når foreningen stod for den slags fornøjelser, var et af formålene naturligvis at styrke sammenholdet, men samtidig ville man vel også gerne vise den øvrige befolkning, at man sagtens kunne more sig uden spiritus. For der var ingen tvivl om, at kampen mod drikkeriet var afholdsforeningens væsentligste opgave. Det kan vi se på titlerne af de afholdte foredrag. Endnu tydeligere fremtræder det måske af følgende brev, som blev sendt til byens to købmænd i 1902:

"Da gaderne her i byen så jævnlig om aftenen, og ofte natten med, genlyder af fulde folks hylen og skrigen, og da der går rygter om vilde excesser, der skulle bedrives, også vel nærmest af fulde folk, tillader undertegnede bestyrelse for Mou Sogns Afholdsforening sig herved ærbødigst at henstille til de højt ærede købmænd her af byen ikke at sælge spiritus til ungdommen, når det vides, at den nydes af den.

Den usle fortjeneste, der hæves ved at sælge spiritus til ungdommen ved deres aftensammenkomster, som vi herved beder Dem opgive, opvejes mange gange ved den bevidsthed ikke at være med til at ødelægge ungdommen, og ved den taknemmelighed De vil høste fra alle alvorligt tænkende mennesker i almindelighed, og fra forældre, husbonder og andre, der har de unge kær, i særdeleshed."

I et andet brev fra 1907 kan vi se, at også mange voksne havde et alvorligt alkoholproblem. Her nævnes der endog direkte flere navngivne personer, som var døde i den sidste tid, og hvor man hævdede, at dødsårsagen skyldtes et umådeholdent drikkeri. Skylden derfor ville afholdsforeningen først og fremmest placere hos købmand Hofman. Hans butik blev kaldt for en giftforretning.

I brevet hedder det bl.a.: "Der er en hel flok stakler, der sværmer om Deres spiritusanker, som natsværmerne flagrer om den tændte lampe om sommeren."

Afholdsforeningen anklagede på ingen måde købmand Hofman for at drive smugkrovirksomhed, men på det moralske plan bad man ham direkte om at holde op med at udskænke snaps ved disken, og så er det vi måske alligevel kan spørge: Overtog købmændene i forrige århundrede i virkeligheden de gamle smugkroers rolle?

Kirketårnets bygherre dræbt i slagsmål

Mange har i tidens løb undret sig over, at kirken i Kongerslev har et ottekantet tårn. Det er da også temmelig usædvanligt, idet der rent faktisk kun findes to gamle ottekantede landsbykirketårne i hele landet. Det andet findes i Astrup. Selv om de to tårne egentlig ikke ligner hinanden ret meget, da tårnet ved Astrup Kirke virker ligeså slank, som tårnet ved Kongerslev Kirke virker buttet, kan vi dog roligt gå ud fra, at der er en vis sammenhæng.

Tårnet ved Astrup Kirke kan ganske nøje dateres til 1542 med Axel Juul til Villestrup som bygherre. I Trap anføres tårnet ved Kongerslev Kirke skønsvis til omkring 1550. På det tidspunkt var Axel Juul medejer af Kongstedlund.

Men så nemt er det nu alligevel ikke. Den skønsvise årstalsansættelse i Trap er nemlig forkert! Kirketårnet i Kongerslev er flere årtier yngre. Sandsynligvis er det først opført i midten af 1590'erne. Hvis vi skal skyde på et enkelt årstal, må det blive 1597.

Vi kan straks slå fast, at bygherren var Axel Juuls søn Niels Juul, der ved faderens død i 1577 overtog Kongstedlund som sin arvelod, dog muligvis først som eneejer nogle år senere. Her er året 1590 blevet nævnt. Det betyder imidlertid ikke så meget, om dette årstal er rigtig eller forkert, men den nuværende hovedfløj på Kongstedlund angives at være bygget i 1592, og det kunne da være en nærliggende tanke, at denne standsmæssige bebyggelse var opført for at markere den ændrede status. I alt fald kan man vanskeligt forestille sig, at ejere, som ikke boede på gården, ville være med til at bekoste et sådant bygningsværk. På samme måde kan man vel heller ikke forestille sig, at ejere af Kongstedlund, som ikke benyttede Kongerslev Kirke, ville være med til at bekoste et tårn.

Når vi lader Niels Juul stå som bygherre af kirketårnet, skyldes det ikke alene den slags formodninger. Ved hans begravelse i år 1600 står der simpelthen klart og tydeligt i den bevarede ligprædiken, at han lod kirken pryde "på sin egen bekostning med et såre smukt tårn." Altså er der ingen tvivl.

Kirkens altertavle og prædikestol er ligeledes skænket af Niels Juul. Det skete i 1597, og det er vel meget tænkeligt, at det er sket i forbindelse med kirketårnets indvielse. Med ligprædikenen som kilde kan vi under alle omstændigheder slå fast, at tårnet ikke kan være bygget før 1577, og da det også må være mest sandsynligt, at Niels Juul først har bragt sine egne boligforhold i orden, må vi i alt fald regne med, at det er bygget efter 1592.

Selvfølgelig har Niels Juul fået ideen til det ottekantede tårn fra sin egen barndomskirke i Astrup, og der har måske endda tidligere været større ligheder end nu. Den nuværende tagform menes at stamme fra 1872. Tidligere skal det have været højere. Herom kan der hentes oplysninger i Pontoppidans Danske Atlas (udgivet 1763—81). Tårnets tag i Astrup er netop meget højere og slankere end i Kongerslev.

*

Niels Juul ser ud til at have været en flittig kirkegænger, men ellers var der måske ikke så meget godt at sige om ham. Det forekommer nemlig påfaldende, at ligprædikenen er temmelig mat i omtalen af hans gode egenskaber. Tværtimod bliver det kraftigt betonet, at han havde betydelige fejl. Det normale for ligprædikener er ellers, at der bliver gjort et stort nummer ud af de gode egenskaber, og at der ikke bliver lagt den samme vægt på de mindre heldige sider.

Vi skal naturligvis være varsomme med at dømme en mand, der døde for over 400 år siden, men vi kan da give hans livshistorie ganske kort. Han blev født på Villestrup den 10. oktober 1557. Som syvårig blev han sat i skole hos sognepræsten i Astrup, og tre år senere blev han sendt i Viborg Skole, hvor han var i fire år. Herefter var det klart, at han ikke havde nogen større interesse for boglig viden, og han blev derfor efter sædvanlig skik sendt ud på et par herregårde, hvor han opholdt sig nogle år for at lære, hvad en ung adelsmand gerne skulle kunne, bl.a. opøves i rytteri. Senere sendte faderen ham udenlands, og her opholdt han sig hos landgrev Vilhelm af Hessen. Senere deltog han i den Nederlandske Frihedskrig, hvor han blev lettere såret.

Da faderen, Axel Juul, døde i 1577, blev han kaldt hjem af moderen, for at hun kunne få skiftet i orden, men ung som han var, drog han af sted i endnu et års tid, inden han vendte hjem for at slå sig ned som godsejer på Kongstedlund. Han blev gift i 1584, og det skete nok snarere under pres end af kærlighed. Dengang ansås det nemlig for en ung selverhvervende adelsmands pligt at gifte sig, når han var nået et stykke op i tyverne. Gjorde han ikke selv alvorlige bestræbelser i denne retning, skulle slægtens kvinder nok på en særdeles kraftig facon påtage sig Kirsten Gifteknivs rolle, og noget kunne faktisk tyde på, at

Niels Juul havde været tilfreds med at forlyste sig med egnens unge piger.

Hans ligprædiken går selvfølgelig ikke i dybden med dette ømtålelige spørgsmål, men der skal ikke stor fantasi til at læse en smule mellem følgende linjer: "Efterdi Gud haver selv sagt: Det er ikke godt, at mennesket er ene, og han vil, at hver for skørlevneds skyld skal have sin egen hustru, og hver have sin egen mand, så haver denne gode mand efter Guds forsyn og sine venners råd begivet sig udi den hellige ægteskabs stat."

Som adelsmand udmærkede Niels Juul sig på ingen måde i en større sammenhæng. Han var ikke den type, der fik offentlige hverv eller kom i kongens tjeneste. Lokalt opførte han sig derimod som en voldsom og selvrådig herremand, der lå i bestandig strid med sine naboer om markskellene, og i denne henseende var han ikke bleg for at gribe til selvtægt. Kiv og ufred, ja selv voldelig adfærd, synes at have kendetegnet Niels Juuls færden.

2. pinsedag år 1600 var han til gudstjeneste i Kongerslev Kirke. Om eftermiddagen tog han til pinsemarked i Aalborg. Om aftenen var han sammen med flere slægtninge og bekendte. Om formiddagen den næste dag var han i kirke i Aalborg sammen med sin bror, Iver Juul til Villestrup. Resten at dagen tilbragte han på markedet, indtil han sidst på eftermiddagen begav sig på vej til en bekendt, hvortil han var blevet inviteret den foregående aften. Undervejs mødte han bl.a. biskoppen, Jakob Holm, som han stod og talte med en tid.

Senere på turen mødte han Albert Skel til Jungetgaard. De gik sammen ind til byfogden, og her kom de af en eller anden ukendt grund i klammeri. Det endte med at blive en kamp på våben, hvor Albert Skel dræbte Niels Juul med sin daggert. Årsagen til slagsmålet var måske først og fremmest, at de begge havde fået for meget øl i dagens løb, og da de ligeledes begge var stridbare naturer, skulle der ikke meget til at tænde lunten.

Efter drabet valgte Albert Skel at flygte ud af landet, medens Juul-slægten på sin side indstævnede sagen for Rettertinget. Et drab kunne naturligvis ikke foregå ustraffet. Efter knap et par års forhandlinger lykkedes det imidlertid de to slægter at komme til en ordning, hvorefter den dræbtes slægt afstod fra al stævning og tiltale, imod at Albert Skel gjorde knæfald for sin brøde samt betalte 2000 rigsdalere i blodpenge.

Herefter var sagen ude af verden, uden at staten havde ret til at blande sig. Drabet blev altså ved denne løsning opfattet som en privatsag mellem to adelsslægter. Så heldigt slap Albert Skel ikke nogle få år senere, da han dræbte en foged i Horsens. Denne gang blev han halshugget af bøddelen på Horsens Torv.

Juul-slægten ville ikke selv beholde boden. Det var ikke fint at bære den døde frænde i tegnebogen. De skænkede pengene til et legat, som skulle uddeles til en eller to elever fra enten Viborg eller Aalborg Skole. Modtagerne skulle være dygtige og tugtige, og man skulle kunne forvente af dem, at de ville blive tjenlige og nyttige for kirken.

Kilder: Trap.
Gustav Bang: Niels Juel Axelsøn til Kongstedlund og hans endeligt. Udgivet i Samlinger til Jysk Historie og Topografi 2. række bind 4 side 527- 542. 1893-95.
A. C. Nielsen: Fra Østhimmerlands Fortid og Nutid. Samme værk som nævnt ovenfor side 437- 444.

Veteranen fra Egense

Når ordet veteraner bliver nævnt i lokalhistorisk sammenhæng, henvises der som regel til personer, der har deltaget som soldater enten i Treårskrigen eller i 1864. Veteranen i denne artikel er imidlertid af endnu ældre dato. Han deltog i krigen mod England 1807-14.

Niels Pedersen, som veteranen hedder, blev født i Egense den 21. september 1791. Hans far var fæstebonde på en af Egense Klosters gårde. Bedstefaderen, oldefaderen og tipoldefaderen havde for øvrigt haft den samme gård i fæste. Hvis der ellers var skriftlige kilder, kunne linjen sikkert føres endnu længere tilbage. I tidligere tider flyttede befolkningen langt mindre end nu, og i Egense, hvor der almindeligvis kun var minimal kontakt med omverdenen, har befolkningen efter al sandsynlighed endda været mindre bevægelig end de fleste andre steder.

Niels Pedersen blev konfirmeret i Mou Kirke den 5. april 1807. Han var da 15 1/2 år gammel, og han havde allerede været på session. Han var blevet taget til marinen og skulle indkaldes samme sommer for at få den nødvendige soldateruddannelse og for at blive søvant.

Vi kender dog ikke Niels Pedersens færden i 1807, men midt i marts 1808 blev han sendt til Helsingør for at gå om bord i linjeskibet "Prins Christian Frederik". Blandt officererne var løjtnant Peter Willemoes, helten fra slaget på Reden i 1801.

"Prins Christian Frederik" var det sidste store krigsskib, Danmark havde tilbage, efter at englænderne i 1807 havde bombarderet København og taget vor flåde. Den 16-årige Niels Pedersen fra Egense fik dog ikke nogen lang karriere om bord på det stolte skib.

Den 21. marts forlod det Helsingør, og dagen efter, den 22. marts, blev det skudt i sænk ved Sjællands Odde i kamp mod tre engelske fregatter og to linjeskibe. De sidste var begge af samme styrke som "Prins Christian Frederik". Kampen syntes altså på forhånd at være temmelig umulig.

Niels Pedersen talte senere ofte om dette slag, og han må bestemt have været en glimrende fortæller. Han døde nemlig i 1873, men 40 år senere kunne en af egnens lokalhistorikere nedskrive beretningen med en af de øvrige egenseboere som kilde, og det fremkomne resultat er faktisk så tæt på virkeligheden, at det ikke strider nævneværdigt mod de beretninger, som møder os i de rigshistoriske fremstillinger. Her følger beretningen, således som Niels Pedersen skulle have fortalt den:

"Vi kom sejlende og så en stor engelsk orlogsmand forude, og så fik vi jo lyst til at hilse på den. Men da vi kom tæt på den, så vi i det fjerne en til; men det tog ikke modet fra os. Vi begyndte at gøre os klar, da vi ser en til (altså et tredje engelsk orlogsskib). Men der kom endda en til og en til. Det var to linjeskibe og tre fregatter. De to fregatter holdt sig noget fra os. Vi skulle have sejlet fra dem; thi "Prins Christian" var jo en god sejler, og den kunne sagtens have gjort det. Så prøvede vi, om vi ikke kunne få de engelske skibe så nær ind til kysten, at de gik på grund; men det lod til, at de kendte farvandet ligeså godt, som vi gjorde. - De to engelske linjeskibe lagde sig på hver side af os, og så begyndte de at skyde takkelage og sejl ned; thi de havde vel sagtens vidst, at vi kunne sejle fra dem. - Så tog vi nogle gode snapse og klemte på; - men det hjalp jo ingenting."

Løjtnant Willemoes var den første af officererne, der faldt. Det så Niels Pedersen, og han hørte ham råbe:

"Av, mit hoved!" Det lyder vel egentlig ikke helt urimeligt, idet Willemoes blev ramt af en engelsk kanonkugle i den øverste del af hovedskallen.

Før kampen havde Niels Pedersen haft et eller andet ærinde ind i officersmessen. Her var officererne ved at få sig et glas, og samtidig trak de lod om, hvem der først skulle falde. Loddet faldt på Willemoes. Andetsteds fra kender vi en noget lignende historie, og derfor må vi egentlig konstatere, at historien om Niels Pedersens oplevelser har holdt sig tæt til de faktiske begivenheder selv 40 år efter hans død.

"Prins Christian Frederik" havde en besætning på 576 mand. 64 blev dræbt i slaget og dobbelt så mange såret. Niels Pedersen slap uskadt, men han blev naturligvis taget til fange. Blandt fangerne var også den 25-årige Christen Skovfoged hjemme fra Egense, og han var måske en smule mere snu end vor 16-årige Niels. I et ubevogtet øjeblik skal Christen i alt fald have sagt til Niels:

"Å, skynd dæ, Niels, å ta' nuen a de bløj'e klu'e å bend dem om din jen arm!"

Niels forstod ikke meningen med, at han skulle binde blodige klude om sin ene arm og ville derfor have en forklaring, men Christen skyndte blot på ham og sagde:

"No ka do kons gjør, som A sejer, så skal A nok swår for rejsten!"

Bag disse replikker skulle ligge det forhold, at Christen havde erfaret, at de raske fanger skulle sendes i det engelske fangenskab "Prisonen", medens de syge og sårede skulle sejles til Sverige. Niels Pedersen forsøgte at spille såret som foreslået af Christen, men det kunne naturligvis ikke lade sig gøre i længden, da de sårede kom under kyndig behandling.

Hovedparten af de mange krigsfanger blev ganske rigtigt sendt i engelsk krigsfangenskab, et fangenskab som under næsten utålelige forhold skulle komme til at vare i seks år. Niels Pedersen slap betydeligt billigere. Formodentlig var han blevet syg under fangenskabet i Gøteborg, hvortil de alle var blevet sejlet i første omgang, og hvor de kom til at opholde sig halvanden måned. Sammen med 36 andre fanger skulle Niels Pedersen blive i Gøteborg.

Nogle måneder senere blev han udvekslet med en engelsk krigsfange, hvorefter han atter var klar til aktiv tjeneste. Det blev i en kanonbåd. Det var store robåde forsynet med kanoner, som der i disse år blev bygget i hundredvis af til erstatning for den tabte flåde. Kanonbådene lagde sig først og fremmest på lur efter de engelske handelsskibe, men den 20. oktober 1808 var Niels Pedersen med til, at en snes danske kanonbåde i fællesskab gik til angreb på et stort engelsk linjeskib, som havde 78 kanoner.

Ved denne lejlighed var alle Niels Pedersens bådskammerater nordmænd (Danmark afstod først Norge i 1814). Det er en smule uklart, hvad der virkelig skete i båden, men drengen fra Egense, som jo endnu kun var 16 år gammel, kunne formodentlig ikke udfylde sin plads, hvorfor en af nordmændene foreslog, at de skulle bytte. Næppe havde de gjort dette, før nordmanden blev såret.

Sidstnævnte kom på lazarettet, og først mange år senere mødte Niels Pedersen ham ved et tilfælde ovre i Hals. Herefter opstod der et livslangt venskab mellem de to gamle krigskammerater. Nordmanden, der var skipper, sejlede aldrig siden til Aalborg uden enten at besøge Niels Pedersen, eller hvis tiden ikke tillod det, så i det mindste at sende ham en hilsen.

Niels Pedersen fortsatte på kanonbådene indtil 1811. I denne tid var han ofte stationeret i Nyborg, og som så mange andre soldater fik han sig en madkæreste. Hun var flink til at traktere ham med vin og æbleskiver. Nogle år senere, da han opholdt sig hjemme hos forældrene, fik han et brev fra hende. Dengang var det en helt sensation, når der kom brev til Egense, så det var jo noget, der hurtigt kunne sætte gang i snakken.

Niels Pedersen var inde i folkestuen sammen med nogle andre, da han fik brevet overrakt, og det kan nok være, at han blev forfjamsket. Han tog brevet med og løb ud på marken for at læse det. Pigen foreslog, at de skulle gifte sig, men det var nu ikke Niels Pedersens mening. Efter at være kommet tilbage fra marken, skal han have sagt til forældrene: "Nej, A trov'ed allywl et, at hun gjør så møj u' å'ed, for så vil A et ha besøgt henner!"

I 1812 kom Niels Pedersen til hjemlige strande. Det blev nu hans opgave at passe signalerne på Mulbjergene. Han var naturligvis stadig soldat, skønt uden for de direkte krigshandlinger.

I 1818 blev han gift med en pige fra Egense, og herefter er der egentlig ikke så meget at sige om ham, idet han nu opholdt sig på sin fødegård, indtil han døde i 1873. Når hans historier fra krigens tid fik lov til at leve så længe, at de kunne nedskrives 100 år efter begivenhederne, må han absolut have været en fortæller, som folk gad lytte til.

I øvrigt skal det da også siges om Niels Pedersen, at han efter sin tid var en særdeles oplyst mand. Han læste avisen dagligt, og han var i mange år den eneste i Egense, der holdt Aalborg Stiftstidende. Vi kan altså godt sige, at han på denne måde var mere moderne indstillet end sine bysbørn, men han holdt også de gamle skikke i hævd.

Som ældre var han "en af de sidste i byen, der beholdt den gamle skik at bruge korte benklæder og hvide strømper. På hovedet bar han den gammeldags form for huer i Egense - en skindhue med en tommelang læderstrimmel i stedet for en dusk eller knap i toppen og med en temmelig bred ilderskindsbræmme forneden. I denne dragt gik han ofte om og fortalte nyt; men han blev kun et øjeblik på hvert sted."

Kilde: Th. Johansen: En veteran fra 1808. Offentliggjort i Fra Himmerland og Kjær Herred 1913.
I øvrigt henvises til rigshistoriske fremstillinger.

Vildmosegaardens oprettelse

Lille Vildmose udgør arealmæssigt en betydelig del af den tidligere Sejlflod Kommune. I dag bliver en stor del af den benyttet som landbrugsjord, og der foregår endvidere en omfattende spaghnumproduktion. Om sommeren var det således indtil for få år siden et betagende syn at køre en tur gennem Vildmosen ad Ny Høstemarkvej. Her kunne man over en flere km lang strækning se hundredvis af stakke med store tørveklyner, der blot ventede på at blive transporteret med de små smalsporede tog ind til videre forarbejdning på Pindstrup Mosebrugs fabrik i Kongerslev. Et mere særpræget landskab fandtes vel ikke i hele landet.

Uopdyrket mose findes der også en del af, men slet ikke i samme målestok som tidligere. For tre hundrede år siden lå Vildmosen hen som et stort herreløst område, fugtigt og stort set ubenyttet. De omkringboende bønder gravede nogle tørv og slog lidt lyng. Nogle steder kunne de også lade kvæget finde en smule næring, men alt i alt var udnyttelsesgraden så ubetydelig, at skel og ejendomsforholdene i øvrigt forekom uinteressante.

Omkring 1750 ønskede regeringen imidlertid at få skabt klarhed over ejendomsretten, da den sandsynligvis tilhørte staten. Fra gammel tid ejede jo nemlig kongen, hvad ingen andre ejede. Med grev Christian Friderich Levetzau som formand blev der nedsat en kommission, som skulle undersøge forholdene, og det var slet ikke så lige en sag.

Der skulle først laves et kort over området. Dette blev overdraget et enkelt af kommissionens medlemmer, men efter at det var fremstillet, skulle samtlige selvfølgelig ud for at inspicere arealet, så de i fællesskab kunne sige god for det udførte arbejde. Det var de fine mennesker nu ikke meget for, da de hverken kunne ride eller køre i vogn fra sted til sted, og da de også kun vanskeligt kunne komme frem til fods, måske var de bange for at få våde fødder, nøjedes de med at stige op på forskellige høje punkter i omegnen, hvor de kunne se ind over området.

Som næste punkt lod kommissionen afholde et møde med de af omegnens godsejere, som havde besiddelser, der stødte op til Vildmosen. Endvidere indkaldtes et antal af de "ældste, vittigste og mest pålidelige" mænd fra de nærmeste sogne, for at disse kunne forklare, hvorledes forholdene havde været i mands minde.

Godsejerne var griske, og i denne forbindelse søgte de bl.a. at vinde sympati ved at holde på deres fattige bønders fri adgang til at udnytte området. Peder Thøgersen Lassen til Høstemark og Egense Kloster kom endvidere med et stort bundt gamle dokumenter, der skulle dokumentere hans egne rettigheder. Han kunne fremlægge skriftlige vidnesbyrd helt tilbage til 1471 og 1521. Det sidste år havde Christian II selv på gammel vis redet skel i disse egne.

Efter at kommissionen havde haft tid til at overveje alle de indkomne oplysninger, skulle den afgive en betænkning. Heri blev der slået til lyd for, at området først havde været en del af havet; siden var det af en eller anden grund blevet til en indsø. Dette, mente man, kunne skyldes Syndfloden, uden at det dog blev forklaret nøjere. Indsøen var blevet til brakvand og siden helt tilgroet af søplanter og derefter til en vildmose.

Når Vildmosen var blevet dannet af havet, var den at betragte som en alminding, og så kunne ingen anden end kongen gøre krav på den. Kun de dele af almindingen, som ved landmåling var blevet tildelt en eller anden by eller gård og dermed var regnet med til dennes hartkorn, hvilket vil sige, at der blev betalt skat af jorden, kunne betragtes som allerede afstået af kongen. Dette gjaldt Stridt Mølle, Knarmou, Tofte, Kragelund, Sellegaarde og Hurup.

De nævnte områder ligger i den sydøstlige del af Vild-mosen. På grund af kommissionens standpunkt lå hele den øvrige del af Vildmosen hen som alminding, og her kunne der ikke tages hensyn til, at nogle gennem tiderne havde taget hævd på tørvegravning, græsning og jagt. Det var jo blot noget de havde gjort, uden nogensinde at have fået en tilladelse.

Kommissionen mente, det ville være muligt at forbedre området, hvis søerne blev udtørret. Dette ville dog give et problem for Stridt Mølle, som så ville miste sin drivkraft, men her indgik regeringen en aftale med ejeren, Peder Thøgersen Lassen, om at denne skulle nedlægge møllen imod til gengæld at få bevilling til at bygge en "veir- og hæstemølle" på Høstemarks grund.

Da kronen ikke havde anden jord i området, ville kom-missionen råde den til at sælge Vildmosen. Forslaget blev vedtaget, og Vildmosen blev i første omgang udbudt til salg som parceller til de omkringliggende lodsejere, men disse var ikke interesseret. Herefter blev den udbudt til salg som samlet ejendom. Resultatet var det samme. In-gen ville købe.

I 1759 skænkede kongen den så simpelthen til sin gode ven, grev Adam Gotlob Moltke, som nogle få år tidligere havde købt Lindenborg. Grev Moltke skulle ikke svare skatter af området i de første 20 år, idet der skulle være tid til at få foretaget det nødvendige opdyrkningsarbejde. Efter denne tid skulle der svares skat af 290 tønder hart-korn.

*

For at tømme søerne skulle der i første omgang graves en kanal fra Møllesø til havet. Den praktiske udførelse af dette arbejde blev overladt til en mand ved navn Peder Beftoft, medens selve idemanden og den ansvarlige for udførelsen var en dr. Erichsen, som var en af tidens kend-

41

te projektmagere, bl.a. arbejdede han også med opdyrkningen af den Jyske Hede.

Beftoft startede forberedelserne til kanalgravningen i august 1760, og det tør nok antydes, at det skete under beskedne forhold. Da han ikke kunne få lokal arbejdskraft, tog han på en hververejse til Mors og Thy. To mand lykkedes det ham at få med tilbage.

Den lokale befolkning havde kun hån til overs for Beftoft og hans lille styrke, da de troppede op for at påbegynde arbejdet. Det var fuldstændigt tåbeligt at ville udtørre søerne. Alle vidste jo, at de var bundløse!

Sådan var folkesnakken altså, og det samme var sikkert blevet sagt gennem århundreder. Her ser man et tydeligt eksempel på, hvordan snusfornuftigt folkevid kan tage så grueligt fejl, når ingen finder det umagen værd at sætte spørgsmålstegn ved de "sikre" kendsgerninger.

Allerede dagen efter ankomsten fandt Beftoft imidlertid ud af, at den store Møllesø havde en god, hård sandbund. Det var altså simpelthen det rene sludder, at søerne var bundløse. Og hvad mere var, vanddybden var ikke på mere end godt en meter. Samtidig kunne han konstatere, at de øvrige søer i Vildmosen kunne udtørres gennem Møllesøen. Opgaven kunne løses.

Da høsten var forbi, fik Beftoft efterhånden flere folk i arbejde, men de var nu ikke særlig pålidelige. Mange kom og gik, som de havde lyst. På nødtørftig vis var der blevet lavet en bræddehytte til dem at sove i om natten, da størstedelen af de nærmestboende bønder ikke ville have noget med projektet at gøre.

I løbet af efteråret 1760 blev der først bygget en dæmning for Møllesøens afløb, således at vandet ikke kunne løbe ud og gøre Vildmosen yderligere sumpet. Dernæst blev der gravet en kanal fra søen og ud til havet. Da kanalen stod færdig, blev der slået hul i dæmningen, og søen kunne tappes for vand.

Arbejdet blev genoptaget næste sommer. Kanalen fra året før blev oprenset og forlænget, så nu også Birkesøen blev udtørret, og der blev gravet kanaler og grøfter, som kunne optage det nedsivende vand fra den højereliggende mose. Denne sommer havde Beftoft 32 mand i arbejde.

Samme år byggede håndværkere fra Kongerslev og Smidie huset Adamshof til Beftoft og hans familie. Navnet blev foreslået af Beftoft, dels fordi Vildmosen urørt "har ligget fra den gamle Adams tid, dels fordi den nye (Adam Gotlob Moltke) burde være erindret her i Jylland."

Også de følgende år fortsattes grøftegraveriet, men det viste sig snart til nogen overraskelse, at det skulle blive de udtørrede søbunde, der kom til at udgøre den frugtbare landbrugsjord. Oprindelig havde man nemlig blot tænkt sig søernes udtørring som et middel til også at tørlægge og dermed frugtbargøre selve mosejorden.

Tilsyneladende var det Beftoft, der først så disse muligheder. Om vinteren 1761-62 lod han bønderne fra Sønder og Nørre Kongerslev udkøre det ene læs mergel efter det andet på de udtørrede søbunde. Mergelen blev hentet på Randrup og Kongstedlund. Bønderne fik en mark pr. læs. Det må have været en mærkelig fornemmelse for dem nu at køre med heste og vogn på det område, som de et par år tidligere havde anset for at være bundløst.

Denne kørsel kunne kun foregå om vinteren, imens mosen var frosset, for der skulle endnu gå mere end 100 år, før den første vejforbindelse mod vest blev anlagt til Kongstedlund i 1876.

I 1762 solgte grev Moltke Lindenborg og Vildmosen til Heinrich Carl Schimmelmann. Sidstnævnte blev da af kongen bevilget yderligere 20 års skattefrihed af Vildmosen, så der nu først skulle betales skat af området i 1799. Den manglende vejforbindelse til Lindenborg gjorde det imidlertid problematisk at dyrke denne frugtbare plet, hvor søerne tidligere havde været, ude i Vildmosen, men da Schimmelmann stod i nær kontakt med kongehuset, fik han i 1767 tilladelse til at lade opføre en ny hovedgård i området, Vildmosegaarden. Det store byggeri blev udført i årene 1767-68, og de mange byggematerialer blev fortrinsvis sejlet til kysten ud for gården. Det mere end 200 år gamle stuehus står endnu. Derimod brændte de oprindelige udhuse i 1875. Ved samme brand blev også den berømte frugthave med bl.a. de 600 kirsebærtræer ødelagt.

Om Vildmosegaardens historie i øvrigt skal her blot siges så meget, at som hovedgård skulle den fortrinsvis drives ved hoverigørende gods. Dette kunne simpelthen kun lade sig gøre ved at overflytte en del af Lindenborgs gods til Vildmosegaarden. Der var således gårdmænd i Gunderup, Vårst, Torderup, Gudumlund, St. Brøndum og Mølholm, som skulle gøre gangdage ude på Vildmosegaarden.

Dette kan ikke have været særlig praktisk, men retfærdigvis skal det da også tilføjes, at langt det meste hoveri blev pålagt "småbyerne" Sellegaarde, Tofte, Kragelund og Sandhusene samt Hurup, som i de foregående år var blevet erhvervet fra nabogodsejerne. Hoveriet blev dog afløst allerede i 1790'erne, hvorefter den 700 tdr. land store gård måtte drives med mere fast arbejdskraft.

Kilde: Alexander Rasmussen:Vildmosegaards Grundlæggelse. Side 409-73 i Fra Himmerland og Kjær Herred 1917.

Sejlflod Mølle

Sejlflod Mølle blev i tidligere tid også kaldt for Hundsbak Mølle, og der er ikke noget mystisk i navnet. Møllen lå nemlig på Hundsbakken. Dette stednavn kan man læse på gamle kort over området.

Om navnet så har noget med hund at gøre, skal vi lade være usagt, men i denne forbindelse kan vi da godt fortælle en lille sjov historie om Tofthøj-Skolen, som også ligger på Hundsbakken. Tofthøj, som den er opkaldt efter, ligger længere oppe i marken; helt oppe ved skellet til Lillevorde Sogn.

Skolen, der blev bygget i 1961, hed oprindelig Storvorde-Sejlflod Centralskole. Dengang var Storvorde og Sejlflod to små kommuner, som løftede den store opgave i fællesskab, men det foregik bestemt ikke uden problemer. F.eks. kunne man længe ikke blive enig om placeringen. Fra et Sejlflod-synspunkt ville det have været naturligt at placere den, hvor SSB's klubhus nu ligger, da man her havde Sejlflods gamle skolelod. Løsningen blev i stedet for at købe et husmandssted på den modsatte side af vejen.

Man kan vel nok sige, at skolens oprindelige navn var en smule tungt, og det var måske også galt, at Storvorde blev nævnt før Sejlflod. Det kunne jo opfattes som finest at blive nævnt først. På et tidspunkt var der så en, der foreslog, at man da kunne ændre navnet til Hundsbakke Skole.

Logikken var selvfølgelig soleklar, men det kunne den daværende skoleinspektør, Bendix Sørensen, ikke lide. Han var bange for, at eleverne så ville blive kaldt for hundehvalpene. Han foreslog i stedet for navnet Tofthøj-Skolen, skønt den altså ikke ligger på Tofthøj, men på Hundsbakken. Dette blev vedtaget, og i starten var man for øvrigt meget omhyggelig med at skrive bindestregen mellem Tofthøj og Skole, for at ingen skulle misforstå navnet som Toft højskole. Nu bruges bindestregen dog sjældent.

Men tilbage til møllen. Den lå faktisk i Storvorde Sogn, men blev kaldt Sejlflod Mølle, fordi den ejedes af gårdmændene i Sejlflod, som drev den ved bestyrer, indtil den blev solgt til Karl Pedersen i 1929. Gårdmændene havde selv hentet møllen oppe i Stae i Vendsyssel, formodentlig i 1880'erne; i alt fald var det før 1890.

Hundsbak Mølle var ganske givet møllens officielle navn i ældre tid. Karl Andersen, Sejlflod, har nemlig i sin barndom set møllebestyrer Laurits Christensen benytte et stempel, hvor der stod Hundsbak Mølle.

Efter sigende skal der mindst have været fire møller i Storvorde Sogn foruden Hundsbak Mølle. Blandt disse kan nævnes den rige møller, Jens Chr. Jensen, som havde sin mølle på Vestermarksvej, hvor træskohandler Hugo Thomsen senere boede.

Fabrikkerne i Gudumlund

Når der tales om Gudumlunds Fabrikker, forbinder man det almindeligvis med Gudumholm, men fabrikkernes vugge stod faktisk i Gudumlund. Lad os se hvad fabrikkernes lokalhistoriker, Chr. Brønnum, skriver om dette forhold:

"Ved selve hovedgården anlagde Buchwald et garveri og en handskefabrik, senere efter overenskomst med Det Kongelige Økonomi- og Kommercekollegium 1781-82 en linnedfabrik eller væverskole, som den også kaldtes, for tilvirkning af drejler, lærred og lignende stoffer. Om garveriet og handskefabrikken har jeg desværre kun lidt at meddele, men at de har eksisteret, kan klart påvises; i

Gudum kirkebog nævnes ofte garvere og handskemagere på Gudumlund.

Handskefabrikkens virksomhed er sikkert blevet standset 1791. Garveriet er nok vedblevet længere.

J. Lauritzen anfører, at Buchwald fik særskilt betaling for at føre tilsyn med regeringens handskefabrik i Jylland, hvilket kunne tyde på, at fabrikken på Gudumlund også dreves for statens regning. Handskerne var vistnok til militært brug.

Til Linnedfabrikkens brug opførtes et betydeligt antal bygninger - således en bygning med 20 væverstole, et heglehus, et kogehus til blegningen, hvortil en blegeplads på 12 tdr. land, en bolig for vævermesteren og et hus til marketenderi og logi for svendene.

Fra rejser, som Buchwald gjorde i udlandet, navnlig i årene 1778 og 1782, hjembragte han folk, som skulle indføre nye agerbrugsmetoder og hørdyrkningen på gård og gods. Herved har Buchwald naturligvis ventet at tilvejebringe det nødvendige råmateriale til fabrikken. Dette er dog næppe lykkedes.

Heglingen, vævningen og blegningen foregik udelukkende på fabrikken, hvorimod spindingen, i det mindste til dels, udførtes i hjemmene og i såkaldte spindestuer i landsbyerne; en sådan spindestue i Gudum blev bestyret af skoleholderens hustru og fra 1789 af skomageren Jacob Justesens hustru imod at nyde den af hans majestæt tilståede godtgørelse; af dette sidste kan ses, at staten allerede dengang fuldstændig havde overtaget fabrikken.

Buchwald erholdt et betydeligt beløb af statskassen til denne fabrik, og i årenes løb overtog Kommercekollegiet fuldstændig vævefabrikkens drift under vævermester Eberhart Foss' ledelse og under overtilsyn af godsforvalteren på Gudumlund, justitsråd Møller. Linnedfabrikken stod i nær forbindelse med, ja sorterede vist endog aldeles under Den Kgl. Danske Manufakturhandel i København, direktør Musmann.

Fabrikken arbejdede ret godt; i 1804 beskæftigede den 25 arbejdere og ca. 70 spindere, men gav dog intet overskud, og de ulykkelige krigsår gav den nådestødet i 1809. Bygningerne og inventaret overdroges til Foss for en meget moderat betaling. Han har rimeligvis fortsat fabrikationen for egen regning efter en mindre målestok til sin død 1812.

Skønt dette ganske vist ikke er noget lyst billede af vævefabrikken på Gudumlund, har den dog haft sin store indirekte betydning ved, at her oplærtes en del bønderkarle til dygtige vævere, hvilke efter udstået læretid nedsatte sig rundt om på landet og bragte husfliden på dette område til et forholdsvis højt standpunkt."

Kilde: De fyldige citater er hentet fra Chr. Brønnum: Fabrikanlægene ved Gudumlund. Udgivet i Samlinger til Jydsk Historie og Topografi. 2 række IV bind. 1893-95.

Søsterbyerne Storvorde og Sejlflod

Båndbyerne Storvorde og Sejlflod har vel altid været det, som man forstår ved søsterbyer; et par byer med et nært tilknytningsforhold. I dag er de to byer næsten bygget sammen, men også på anden vis er forholdet helt åbenbart. Byerne har fælles præst, fælles boldklub, fælles skole, fælles tv-antenne, tidligere også fælles brugsforening, som nu er nedlagt, og der kunne nævnes endnu mere. Vi skal dog ikke så mange år tilbage i tiden, før vi ser et noget andet billede, nemlig to små rivaliserende byer, som i al drilagtighed ikke kunne blive enige om ret meget.

For nogle årtier siden havde man et mundheld, der sagde, at Sejlflod havde pengene, men Storvorde havde folkene. Blot det, at man kunne sige noget sådant, viser jo i sig selv, at byerne var som et par søstre i forhold til omverdenen.

Helt tilbage fra de første folketællingers tid omkring år 1800 og frem til 1960'erne havde Storvorde næsten dobbelt så mange indbyggere som Sejlflod. Nu er forskellen meget større. Derimod var arealet kun ca. 25 % større, og da det i begge tilfælde var typiske landbrugsbyer, siger det sig selv, at mundheldet nok ikke var det rene pjat. Hermed er dog ikke sagt noget om de enkelte familiers velstand i de to byer, for der har selvfølgelig været fattige og velhavende i dem begge.

Sejlflods velstand er imidlertid ikke af særlig gammel dato. Den slog først igennem i sidste halvdel af 1800-tallet, da gårdene begyndte at dræne deres store kærarealer. Foregangsmanden var formodentlig Peder Toft på Toftkærgård. Da Peder Toft flyttede sin gård ned på dens nuværende plads ved Kanalen i 1855, havde han allerede drænet det kæareal, hvorpå den blev placeret.

En del af det gamle stuehus til Toftkærgård eksisterer for øvrigt endnu, og næst efter kirken er det den ældste bygning i Sejlflod. Det er det lave grønkalkede hus (tidligere gulkalkede) på Vestergade, der ligger bag den gamle brugsforening. Det blev i 1900-tallet beboet i næsten syv årtier af Peter Kristensen, der var ansat som røgter på Toftkærgård.

Vor viden om den omtalte fattigdom i Sejlflod beror fortrinsvis på en mundtlig overlevering, som dog forekommer at være fuldt pålidelig. Desuden citerer Chr. Brønnum en indberetning til grev Schimmelmann fra godsinspektøren, som peger i samme retning: "Her er kun

9 gårde og nogle huse i distriktet, og beboerne holder en person, som går fra hus til andet for at undervise, får føde og 2 à 3 rd. Man tror, at kirken måske nedlægges, og da kunne skolen nyde 20 à 30 rd. i stedet for reparationsomkostninger af Klarupgårds ejer, til hvem kirken, der ejes af de residerende ved Viborg Domkapitel, er perpetueret."

Dette blev skrevet i 1807, og vi bør nok især hæfte os ved, at nogen overhovedet kunne tænke på at nedlægge en sognekirke. Så galt gik det dog heller ikke, men i 1825 blev det gamle Storvorde-Sejlflod Pastorat opløst. Sejlflod blev lagt til Gudum-Lillevorde Pastorat, og Storvorde blev lagt til Romdrup-Klarup Pastorat. Der skal ikke megen fantasi til at forestille sig, at økonomien har været en faktor i dette spil.

Hermed kunne de to søsterbyer være blevet skilt for altid, hvis det ikke netop havde været for det forhold, at de hver især beholdt deres eget fattigvæsen uafhængig af de nye sogne, som de blev sammenlagt med. Det betød nemlig, at de ved landets inddeling i kommuner i 1841 ikke blev slået sammen med henholdsvis Gudum-Lillevorde Kommune og Romdrup-Klarup Kommune. Sejlflod kom med sine ca. 200 indbyggere til at udgøre sin egen kommune, og det samme gjorde Storvorde med sine ca. 400 indbyggere.

I 1893 blev søsterbyerne atter forenet i et fælles pastorat. Jeg kender ikke den officielle forklaring på dette forhold, men det kan i alt fald ikke have virket til ugunst, at de små sogne nu var blevet rigere. Den nære forbindelse i dagligdagen kan heller ikke undgå at have spillet en rolle. Store dele af befolkningen må nemlig have hilst på hinanden så godt som hver eneste dag eller i det mindste regelmæssigt, hvilket vi kan konstatere ved blot at se på et landkort.

Storvorde Sogn er delt i to dele, som ligger på hver sin side af Sejlflod Sogn. På den ene side ligger byområdet og på den anden Storvorde Østerenge. Vejrholmen, som ligger midt imellem, tilhørte Sejlflod. At et sogn på denne måde er tvedelt er ikke noget specielt for Storvorde. I den tidligere Sejlflod Kommune er det samme tilfældet for Lillevorde Sogn, hvor kæret ligger øst for Gudumholm i Gudum Sogn.

På Sejlflods udskiftningskort fra 1813 kan vi se, at Vejrholmen er sejlflodgårdenes gamle overdrev. Herude havde byhyrden sit hus.

Selv om Storvorde og Sejlflod nu atter kom til at udgøre et fælles pastorat, forblev de uafhængige af hinanden i kommunal henseende, helt indtil den store Sejlflod Kommune blev dannet. Forinden havde de dog bygget skolen og plejehjemmet i fællesskab. Forud for disse fællesopgaver gik der imidlertid en flerårig beslutningsproces, hvor begge byer var ivrige for at vise, at de optrådte som selvstændige og ligeværdige parter. Skolens placering var således et ømtåleligt punkt. Den måtte bestemt ikke ligge i nabobyen.

Og det kom den så heller ikke til, hvilket en artikel i Aalborg Amtstidende beskriver på udmærket vis ved indvielsen i 1961: "Den nye centralskole, som Storvorde og Sejlflod Kommuner er fælles om, ligger i ordets bogstaveligste forstand i centrum af de to kommuner, for hvis man måler op fra skolen til Storvordes nordgrænse og fra skolen til Sejlflods sydgrænse, vil man kun finde få meters forskel i afstand."

Måske var det for at fejre den begivenhed, det var igen at få sin egen præst, at Jens Chr. Jensen, også kaldet den rige møller, i 1896 skænkede Storvorde Kirke et orgel, og det var gedigent håndværk. I 1977, altså 81 år senere, kunne to orgeleksperter give følgende karakteristik: "Orglet er af virkelig god kvalitet, og vi kan stærkt anbefale, at der foretages de fornødne restaureringsarbejder på det."

Lad os nu gå et par tusinde år tilbage i tiden for at vise, at Sejlflod og Storvorde måske har et fælles udspring. Alle har hørt om Aalborg Museums store udgravningsarbejde af jernalderlandsbyen ved Sejlflod i årene 1979-85. Mindre kendt er det derimod, at der tidligere også er blevet konstateret en jernalderboplads ved Storvorde. Om Sejlflod-byen ved vi, at den var beboet i hele jernalderen fra ca. år 500 f.v.t. og til vikingetidens slutning 1500 år senere. Så meget ved vi ikke om Storvordes jernalderlandsby, men vi kan i alt fald drage den slutning, at de i en periode må have eksisteret side om side, og selvfølgelig har der været nærkontakt. Der var jo ikke længere, end at de kunne se til hinanden.

Sammenlignet med andre udgravede jernalderlandsbyer hører Sejlflod til de mindste. Arkæologerne mener, at den i de første ca. 700 år kun bestod af 4 - 6 gårde, og de anslår befolkningen til 30 - 50 personer. Senere voksede den en smule, men der har næppe på noget tidspunkt været over 100 indbyggere.

Det vil simpelthen være utænkeligt, at en så lille by har kunnet bestå i 1500 år, uden at der er blevet indgået talrige giftermål med nabobyernes indbyggere. Vi kender ikke Storvorde-byens størrelse, men på grund af den nære beliggenhed kan det da være en rimelig tanke, at den ene af byerne på et tidspunkt er udsprunget af den anden.

Jernalderbønderne skaffede ikke kun føden ved at drive landbrug. De drev også jagt. I Sejlflod er der således fundet flere pilespidser. Af fundene kan man se, at der ligeledes er blevet spist fisk i store mængder. Fiskene er naturligvis fanget i den nærliggende Limfjord. Nu behøver det slet ikke at betyde noget, men der er faktisk ikke fundet et eneste fiskeredskab i Sejlflod, og så er det jo en besnærende tanke, at der kan have været en vis arbejdsdeling mellem landsbyerne.

Sejlflods gamle jernalderlandsby lå ved Tofthøj, og da den blev forladt omkring år 1050, er det ikke sikkert, at beboerne er gået ned ad bakken til det nuværende Sejlflod, selv om det er sandsynligt nok. De kan dog ligeså godt være draget til Storvorde eller et helt andet sted. Det kan også være en sygdomsepidemi, der har lagt området øde. Disse gætterier vil aldrig blive besvaret, og derfor har enhver lov til at fremsætte sit eget forslag.

Kilde: Jens N. Nielsen og Marianne Rasmussen: Sejlflod en jernalderlandsby ved Limfjorden.
Resten af oplysningerne er hentet i småbidder fra en masse forskellige steder, bl.a. mundtlige oplysninger.

Kongerne kom til Mou

Jo længere vi går tilbage i tiden, jo vanskeligere er det at fremstille et rimeligt billede at vor historie. Sådan er det, fordi der bliver færre skriftlige kilder at øse af. Det gælder naturligvis især for lokalhistoriens vedkommende, og specielt hvis det drejer sig om ganske almindelige menneskers liv og levned. Fra vort eget og det forrige århundrede kan vi dog sagtens finde forskelligt materiale. Hvad, der er bevaret fra tidligere tid, er derimod temmelig tilfældigt.

Førstelærer N.C. Pedersen, Mou, og den kendte lokalhistoriker Kr. Værnfelt, Aalborg, gennemgår i 3 interessante artikler i Fra Himmerland og Kjær Herred bind 34, 1945 de ældstbevarede dokumenter vedrørende Mou Sogn. Det ældste kan spores tilbage til omkring 1300, og det omhandler endda ganske almindelige mennesker.

Nogle halsboere og mouboere var kommet i strid om fiskeriet, og det i så alvorlig grad, at Kristoffer II selv i 1320 mødte op for at sætte skel mellem de stridende parters besiddelser. Valdemar Sejr havde i 1203 skænket Hals Sogn til Vitskøl Kloster, og i kongens dom fra 1320 kan vi se, at Mou Sogn hørte under Nørre Kloster og Viborg Domkapitel. Fra senere kilder ved vi, at Nørre Kloster, der omkring 1440 blev lagt under Mariager Kloster, ejede Mou og Egense samt en del af Dokkedal. Viborg Domkapitel ejede resten at Dokkedal samt Høgsted, hvilket vil sige de gårde, der senere blev samlet til hovedgården Høstemark.

Selve dommen fra 1320 er i grunden ikke særlig interessant, og den forekommer heller ikke helt entydig, men da den er givet personligt af Danmarks konge, vil vi trods alt fremføre følgende ordrette citat: "Wededybet for sønden og Korsholmen for norden skal være ret skel mellem Vitskøl Kloster i nord og Nørre Kloster og Viborg Domkapitel i syd." Her skal vi blot bemærke, at Korsholmen faktisk er placeret ud for Mou Sogn, og derfor kan vi spørge, om kongen på uretfærdig vis tog halsboernes parti.

Det er klart, at fiskeriet har betydet meget for Mou Sogn i flere århundreder. Kattegat og Limfjorden lå lige uden for døren. Kr. Værnfelt. bruger udtrykket, at man "malkede den blå ko", og mere præcist kan det vel næppe siges. Forholdet kommer tydeligt frem i de landgildeydelser, som fæsterne årligt skulle svare til godsbesidderne.

Landgildens størrelse afhang af fæstets størrelse, men det er dog værd at notere sig, at det kun gjaldt den del af ydelsen, som blev betalt i landbrugsprodukter. Samtlige gårdfæstere skulle aflevere det samme kvantum fisk, dvs. ål og sild.

Bolsmændene slap for ålene, og det samme gjorde de jordløse husmænd. Af forståelige grunde skulle de sidste heller ikke aflevere landbrugsprodukter, men da de jo så havde desto mere tid til at malke den blå ko, skulle de til

gengæld aflevere dobbelt så mange sild som bolsmænde-
ne.

I 1584 angives der at have været 24 bundgarnsstader og
en del ålestader i sognet, men vi kan være helt sikre på, at
stadernes antal aldrig er blevet angivet for højt, og det
samme gælder fangstmulighederne. Den førte stadebog
blev nemlig lagt til grund ved skatteansættelser på samme
måde som en almindelig matrikelfortegnelse over jordens
fordeling.

I stadebogen fra 1697 oplyses det, at samtlige gårde i
Mou By har et lille rusestade, hvorefter det tilføjes, "men
der er ikke sildestader, som kan betale redskabernes be-
kostning, langt mindre umagen." Samtlige gårde i Egense
havde på samme måde et ålerusestade i Fjorden, men de
"er øde og bruges ikke."

Dernæst opremses alle staderne i Kattegat, eller Øster
Havet som det kaldes i 1697. Her nævnes en snes stykker
samt nogle, som ikke bliver brugt. Selv for de ibrugvæ-
rende bliver der henvist til, at de bør være undtaget for
skat, da dette er tilfældet flere andre steder for havstader.
For øvrigt er det også vanskeligt at drive fiskeri ude i det
store vilde hav. Det bliver endda påstået, at staderne ikke
bruges hvert år, hvorfor flere af dem er kommet til at stå
"øde og ubrugelige". Der kan vist ikke herske tvivl om, at
der er blevet smurt meget tykt på.

Gårdene ved Kattegat fortsatte med at fiske helt op i det
20. århundrede, men denne flere hundrede år gamle tradi-
tion er nu en saga blot, og det samme er de professionelle
fiskere i Dokkedal og Egense, som blev deres afløsere. Nu
er det kun lystfiskere og fritidsfiskere, der malker den blå
ko.

*

Kristoffer II er ikke den eneste konge, der har været i
Mou for at sætte skel. I 1521 kom Christian II til stede for
at bilægge en skelstrid. Denne gang var det Mariager Klo-

ster og Domkapitlet i Viborg, som i årevis havde været uenige om, hvor grænsen mellem deres gods skulle placeres. I denne henseende var de gejstlige stormænd altså ikke spor bedre end de verdslige. Besiddelserne i 1521 var i store træk som tidligere nævnt i denne artikel.

Christian II havde hidkaldt tre fornemme adelsmænd til at hjælpe sig. De startede deres runde mellem de to skelbække ved Limfjorden, og herfra tog de sigte mod en kæmpehøj ved herregården Refsnæs. Dog red man i denne retning ikke længere end til søen Kongerslev Qwystdrobe, som lå i nærheden af det nuværende Kærsholm, hvor der i forvejen var markskel mellem Gudum, Nr. Kongerslev og Mou Sogne.

Beskrivelsen af den resterende del af skelridningen er temmelig knudret, men vi får det indtryk, at Christian II og hans mænd hele tiden har forsøgt at finde nogle kendemærker i landskabet, som kunne anses for at være naturlige grænsepunkter. Der henvises f.eks. til et bestemt egetræ, som kongen selv bestemte skulle udgøre grænsen mellem Sønderskov og Vesterskov. Et andet sted nævnes der to små hvide stubbe.

*

Til slut skal vi nævne en lille pudsig historie fra 1540rne, idet Mou Sogn da havde fået sig en præst, Oluf Nielsen, som var lidt ud over det sædvanlige. Dels havde han tillistet sig embedet uden egentlig at være blevet kaldet, dels blev han anklaget for at give sig af med trolddom.

Ved Reformationen i 1536 havde kronen overtaget de gejstlige jordbesiddelser. Herefter var det biskoppen i Viborg, som skulle kalde præsten i Mou Sogn, men Oluf Nielsen var efter alt at dømme blot blevet overdraget embedet af den kongelige lensmand på Mariager Kloster, hvilket var utilstrækkeligt.

Oluf Nielsen var tidligere blevet fordrevet fra Vendsyssel på grund af trolddom, og disse sysler fortsatte han med i Mou. Han blev i alt fald anklaget for at skulle have skrevet noget på fiskegarnenes flåd, som skulle virke tiltrækkende på sildene. Det blev også påstået, at han af og til tog over til Hals for at øve trolddom.

Oluf Nielsen var kort sagt en værre karl, som man ikke kunne have gående frit omkring, og da han trods flere henvendelser ikke var mødt op for hverken biskoppen eller lensmanden, blev han den 26. februar 1550 ved Viborg Tamperret fradømt sit embede; altså det embede, som han jo faktisk aldrig nogensinde havde fået.

Kilde: Fra Himmerland og Kjær Herred bind 34, 1945.
N.C. Pedersen: Kong Kristian II i Mov. Side 127-129. Hr. Oluf i Mov. Side 130-132.
Kr. Værnfelt: Lidt om Mov Sogn. Side 133—142.

En gammel landsbyvedtægt

Før jorden i vore landsbyer, som følge af De Store Landboreformer, blev udskiftet i slutningen af 1700-tallet og i 1800-tallet, havde de enkelte gårde deres jordtilliggende spredt på en mængde forskellige steder. Sådanne smalle jordstrimler, som der almindeligvis var tale om, krævede naturligvis en betydelig grad af dyrkningsfællesskab, hvorfor den enkelte nødvendigvis måtte underkaste sig fællesskabets betingelser. Hver landsby måtte kort sagt have sin egen landsbyvedtægt eller granderet, som den også kaldtes.

Fra øvrighedens side blev der dog ikke stillet krav om sådanne vedtægter; det var beboernes private sag. Derfor var der heller ikke noget krav om, at de absolut skulle nedskrives. Kunne beboerne nøjes med at tale sig til rette fra sag til sag, var der ikke noget i vejen for, at de benyttede denne fremgangsmåde. Bortset fra Komdrup ved vi faktisk ikke, hvordan forholdene har været her i den tidligere Sejlflod Kommune.

Landsbyvedtægten fra Komdrup, der er fra 1716, er særdeles detaljeret. De enkelte punkter er opstillet i 76 paragraffer, som tilsammen fylder ca. 17 almindelige bogsider. Skønt der kan have været en vis variation, har lignende bestemmelser sandsynligvis gjort sig gældende også i vore øvrige byer, selv om de måske ikke har været nedskrevet på papir. Hvordan skulle beboerne ellers have været i stand til at få fællesskabet til at fungere på en rimelig måde?

Landsbyvedtægten for Komdrup befinder sig nu i sikkerhed på Aalborg Museum, men det må nok siges at være lidt af et held, at den overhovedet er blevet bevaret for eftertiden. Den blev første gang gengivet på tryk af D. H. Wulff i Jydske Samlinger 1. række bind 8, 1880-81, og her bliver det fortalt, at den findes på en gård i Komdrup, "men skriften er på mange steder dels ved den stærke benyttelse dels på grund af blækkets afblegning ulæselig, hvorfor det er heldigt, at der tidlig er taget en afskrift deraf, som nu er vedhæftet, og som i det hele hjælper godt til at få teksten frem, om end også flere steder i den vidner om utydelighed allerede dengang, da den toges."

Straffen for at bryde de mange paragraffer var i hvert tilfælde en pengebøde, som skulle gå til byens nytte, hvilket først og fremmest vil sige til fælles bedste for de gårdfæstere, som udgjorde grandelauget. Desuden kunne der blive tale om at betale erstatning til den eventuelle skadelidte. Endelig skulle der ved overtrædelse af religiøse bestemmelser, vold og lignende, undertiden betales en tillægsbøde til sognets fattige.

De idømte bøder blev ikke betalt straks. Der blev ridset en skure i en såkaldt talliepind. Når regnskabet blev gjort op, og betalingen havde fundet sted, blev pinden simpelthen skrabet glat med en kniv, hvorefter den kunne bruges igen. Almindeligvis blev alle granderne noteret op på den samme talliepind, men i Komdrup havde hver sin, 13 i alt.

De fleste steder blev bøderne festet op af granderne ved nogle enorme drikkegilder, og det har sikkert også været tilfældet i Komdrup, selv om denne uskik var blevet forbudt ved Danske Lov i 1683. Ganske vist står der i vedtægterne fra Komdrup direkte i § 45, at "bøderne må ingenlunde til drik eller noget gildeslav henvendes", men ingen vedtægt kunne naturligvis angive bødernes brug til et ulovligt formål. Nejnej, de skulle skam først og fremmest bruges til i fællesskab at holde en god tyr og en god orne. Resten skulle på anden måde bruges til byens nytte eller til at hjælpe de fattige. Og for at det ikke skal være løgn, gentages det samme i § 74.

Den første paragraf i vedtægten starter med at fastslå, at når der er gudstjeneste, "skal mand og kvinde med børn og tyende lade sig finde i kirken ----------------- så ingen forsømmer prædikenen undtagen en, som hus og gård kan tage vare."

§ 2 går endnu videre ved at fastslå, at ingen må pløje, så, harve, høste, slå hø, grave tørv eller foretage andet groft arbejde på helligdage hverken før, efter eller under prædikenen. Her kunne der dog dispenseres i nødstilfælde, og ved ustadigt vejr i høstens tid var det tilladt at køre kornet ind fra marken, men først efter prædikenen.

Herefter kommer næsten et halvt hundrede paragraffer, som tager sigte på at opretholde den såkaldte markfred, hvilket er det centrale i enhver landsbyvedtægt. Her tjener det ikke noget større formål at opremse de enkelte punkter, da de slet og ret går ud på, at den enkelte grande skal være en god nabo, som ikke volder de andre skade, f.eks. ved at drive sit kvæg hen over en anden mands kornmark. Til at håndhæve vedtægten skulle der hvert år vælges en oldermand. Den valgte kunne undslå sig, men det kostede en bøde på en rigsdaler. Jobbet var ulønnet; kun fik han årligt en rigsdaler af bødekassen til et par sko. Vedtægten forudsatte altså, at oldermanden måtte bevæge sig en del rundt i sognet. Nu ved vi imidlertid ikke, hvor travlt oldermanden har haft i Komdrup, da vi ikke kender de indkomne bødebeløb, men ud over landet var det vist den almindelige tendens, at oldermanden havde temmelig travlt med at uddele bøder. Hvorfor skulle det så have været anderledes i Komdrup?

Det var selvfølgelig et utaknemmeligt job som oldermand bestandigt at skulle holde sine standsfæller til loven. Derfor vankede der som en beskyttelsesforanstaltning ekstra store bøder til den, "som ved trussel, hug og slag, skændsord, unyttig snak, ord og tale overfalder oldermanden på grandestævne."

På den anden side kunne oldermanden heller ikke blot gøre, som det passede ham. Han fik skam også selv en bøde, hvis han "fordrister sig til nogen af sine grander eller naboer at overfalde med uret og det ham overbevises." Denne bøde var dog langt mindre, og endelig kunne oldermanden jo vælge ikke at lade sig overbevise om sin egen uret.

Foruden oldermanden skulle der blandt granderne også vælges endnu et par bestillingsmænd, som havde deres bestemte opgaver at tage sig af. Endvidere skulle der ansættes en hyrde og en skolemester. Hyrden og skolemesteren er de første, som er direkte ansat og lønnet af fællesskabet. Andre steder gælder det samme for landsbysmeden, men han nævnes slet ikke i Komdrups vedtægt.

Der hersker overhovedet ingen tvivl om, at hyrden havde den mest betroede stilling og samtidig var den bedst lønnede. Det kan vi simpelthen slutte deraf, at han ikke skulle aflønnes af bødekassen, og det skulle han ikke, fordi der her måtte helt andre beløb på bordet for at få en velkvalificeret arbejdskraft, som kunne værne de betroede værdier på bedste måde.

Skolemesteren har derimod næppe fået ret meget mere end kosten. Titlen lyder måske nok flottere i vore dages ører, men det er så kun et blandt mange eksempler på, at vi ikke uden videre kan projicere nutiden tilbage på fortiden. Dengang var skolemesteren ofte kun en stor dreng. Det kunne også være en invalid håndværker, som ellers ville have vanskeligt ved at tjene til føden.

For at give et indtryk af stilen i vedtægterne, vil vi afslutningsvis direkte citere de to paragraffer, som omhandler henholdsvis hyrden og skolemesteren.

§ 49. Hvad for en hyrde de bedste sognemænd, det er de, som have mest kvæg at gjenne for ham, ville antage og være benøjet med, den skal og menige grander være benøjet med, såfremt han er uberygtet og har godt vidnesbyrd om sin troskab og flittighed fra andre steder, og må 2 eller 3 ikke (kaste eller foragte) den, som menige mand vedtager og samtykker. Hyrden skal have sin løn uden nogen forhindring på tvende årsens tider, nemlig halvparten til S. Olufs Dag og den anden halve part til S. Mikkels Dag efter gammel vis og sædvane, og må ingen vild eller venskab tages med hyrden at stede.

§ 75. Og som børn og ungdommen hårdt er magtpåliggende udi gudsfrygt og kundskab om Gud ved deres børnelærdom at opdrages, Gud til ære, dem selv til trøst og salighed og andre til et godt eksempel, så skal menige mand holde udi byen en skolemester, som ganske byen skal give kost, såvel de, som ingen børn have i skole, som de, der små børn have, men lønnen tages af byens bøder, så vidt som deraf kan tilstrække, og resten betale de pro persona, som børn holde hos ham i skole. Hvo herimod stander, bøde 1 rd., som straks skal pantes af granderne.

Kilde: D. H. Wulff: Granderet for Komdrup By, Hellum Herred, Aalborg Amt. Udgivet i Jydske Samlinger 1. række bind 8, 1880-81, side 324 - 341.
Om landsbyvedtægter i almindelighed kan anbefales Alan Hjorth Rasmussen: Bylag og gadestævne. Side 287-306 i Axel Steensberg (red.): Dagligliv i Danmark. Bind 1. Kbh. 1982.

Kongerslevs ældste seværdighed

Lokalhistorie er ikke alene noget, vi kan læse om. Lokalhistorien kan også ses og fornemmes, selv om vi undertiden skal dreje fra den slagne vej for at få den tæt ind på livet. Hvor mange uden for Egense har mon f.eks. prøvet at dreje en tur ind ad Østergade? Her fornemmer man den gamle landsbystemning, som har været dagligdagen for den tidligere omtalte veteran. Hvor mange uden for Gudumholm har mon nogensinde lagt nøjere mærke til de gamle boliger, der for snart et par hundrede år siden blev opført til fabrikkens arbejdere, og sådan kunne der nævnes eksempel efter eksempel.

Mest udpræget ser vi dog historiens gang i Kongerslev, hvor en stor del af ikke blot flere århundreders, men flere årtusinders historie, bliver serveret for os på et sølvfad, hvis vi ellers begynder at tænke over indtrykkene.

Lad os starte med jernbanen, som blev nedlagt i 1969. Stationen er for længst revet ned, men det karakteristiske "banemandshus" står stort set som før, og da stationspladsen endnu ligger ubenyttet hen, vil selv udefra kommende straks kunne se, at her må der vist have ligget en station. (Sådan var forholdene, da denne artikel blev skrevet i 1987. Nu ligger den store pensionistbolig ved Lykkeshøj på banemandshusets plads, og stationspladsen er blevet til parkeringsplads og grønt område). Selve banestrækningens forløb vil der heller ikke være så meget tvivl om.

Hermed er vi kommet et langt skridt videre. Da jernbanen åbnede i år 1900, ville det naturligvis ikke være muligt at føre den midt gennem byen. Den måtte anlægges i udkanten, og trods ombygninger og moderniseringer er det ganske tydeligt, at vi ikke kan finde et eneste hus nord for jernbanelinjen, som er bygget før århundredskiftet.

De ældste huse i byen findes i det område, der går under navnet Den Gamle By. Det er gennemgående små huse, der nærmest er placeret hulter til bulter ved et vejsystem, der er anlagt efter tilfældighedernes præg. Bydammen, Mølledammen som den kaldes, skønt der vist aldrig har været en mølle på stedet, var det gamle Kongerslevs naturlige centrum.

Byområdet Kongerslev, som vi kender det i dag, og som ligger i et hul, hvis vi kommer kørende fra nabobyerne, udgør altså nu et langt større areal, end byområdet i slutningen af forrige århundrede. Meget landbrugsjord er gået tabt i de forløbne årtier.

Gårdene ved byens indfaldsveje kunne måske tænkes at være udflyttet som et resultat af de store landbrugsreformer, der blev gennemført for et par hundrede år siden, men det er nu ikke tilfældet! Egentlig er det da også karakteristisk, at det kun er en af disse gårde, Halkærgård, der ligger på den anden side af bakken. De øvrige gårde ligger enten på bakken eller på vej op ad bakken, når vi bevæger os ud af byen.

De nævnte gårde er altså orienteret mod byen og ikke bort fra byen, og groft set kan de anføres som opførte omkring århundredskiftet. Med markerne liggende helt eller delvis inde i "byhullet" var der jo intet større formål med at udflytte dem i den store udflytningstid. Det var først, da byområdet begyndte at udvikle sig, at de fik for snævre rammer. Kun proprietærgårdene Mygdal og især Kællingbjerggaard lå et godt stykke uden for byområdet. Hvis vi bevæger os længere op ad sydskråningen ved Den Gamle By, kommer vi til det naturområde, der bærer navnet Heden. Her ligger der fem bronzealderhøje nær hinanden. Hermed er imidlertid ikke sagt, at området har været beboet uafbrudt siden bronzealderen. Der kan sagtens have været et slip på nogle hundrede år.

Tidligere har hedeområdet været meget større, men langt størstedelen af det blev opdyrket omkring 1830, efter at udskiftningen havde fundet sted. Det opdyrkede område kaldes også stadig for Heden, hvilket kan være en smule forvirrende; dog ikke for de lokale beboere. Oppe i Heden betyder således oppe i det nuværende naturområde, medens oppe på Heden betyder oppe på det opdyrkede hedeområde.

På det opdyrkede hedeområde blev der hurtigt opført en hel koloni af ejendomme, men da der her først og fremmest var tale om nydannede jordbrug, hvis ihændehavere i vid udstrækning var yngre gårdmandssønner fra byen, kan vi ikke tale om udflytning i den sædvanlige betydning.

Bronzealderhøjene er et udtryk for, at der tidligere må have været et betragteligt befolkningstal i området. Vi må derfor antage, at heden simpelthen er blevet dannet, fordi jorden med tiden var blevet så udpint, at "den sprang i lyng".

Men også længe før bronzealderen var området beboet! Lad os her starte med at citere et stykke fra en præsteindberetning i 1828: "På Heden sydvest for Sønder Kongerslev By og omtrent 1/3 fjerdingvej fra samme ligger en stor og vid plads, med nogle mægtige stene rundt om besat, som man almindelig kalder Store Munus, hvor en gammel dansk, hedensk konge, menes at være begravet.

Det var at ønske og tilråde, at denne mærkværdige høj efter offentlig foranstaltning kunne blive undersøgt og gennemgravet."

Store Mons eller Store Mogens, som højen kaldes i dag, er en langdysse fra yngre stenalder, hvilket vil sige, at den er blevet lavet 3—4ooo år f.v.t. K. Frederiksen, som har ejet ejendommen "Store Mogenstrup", hvor dyssen ligger, har oplyst følgende: "Dyssen vender nord - syd. Den er 64 meter lang og 17 meter bred, og der ligger 41 synlige sten. Det ser ud til, at der har været 5 kamre i højen, men kun ved den nordlige ende ses et kammer, der dog er uden dæksten."

Store Mons blev fredet i 1886, men alligevel kan vi konstatere, at den er slemt molesteret, og dette er om ikke helt så dog desværre til dels sket i de første par årtier efter fredningen. De mange store sten, som vore stenalderforfædre har samlet sammen til deres gravplads, var jo et glimrende bygningsmateriale. Det kan mange af os se dagligt, hvis vi passerer enten Korsgården eller Lykkebjerggård, hvor de mange smukke sten i udhusene efter sigende netop er hentet ude ved Store Mons.

I Frederiksens tid har der været en professor både fra Tyskland og Japan for at bese området. For dem var det væsentlige spørgsmål, om det var en 5-kantet eller en 7-kantet dysse. Dette har muligvis været for at bestemme slægtskabet med andre dysser rundt om i verden.

Der går adskillige sagn om Store Mons. Således blev en tidligere ejer, der havde taget af stenene til at bygge et hus, siden hen bestandigt forfulgt af stemmer. I samme stil er følgende historie:

"Da der flere gange var set lys på kong Magnus' høj på Kongerslev Hede, besluttede tre mænd en aften at følges ad med hver sin spade for måske om muligt at finde en skjult skat i højen, men nu var de enige om, at ingen af dem måtte sige et ord, så længe de gravede, thi den slags ting skal altid forrettes under dyb tavshed.

De tog nu fat på arbejdet, men i det samme kom der en mand ridende på en hvid hest og hilste god aften. Mændene så godt rytteren, men de hilste ham ikke. Lidt efter kom der en kørende i en sort karet med fire sorte heste for. Kusken på bukken hilste og sagde god aften, men intet svar. Endelig kom der en mand ridende på en hvid gase og hilste ligeledes god aften.

Dette fandt Søren Leth, en af arbejderne, var en løjerlig rytter og udbrød: "Do sie sku åsse ud te å ka no di ajer. En rytter po en gasse, hohoho."

Da blev der med det samme sådan en tåge, at de hverken kunne se ud eller ind, og da de fik i sinde at finde vejen til Kongerslev, så det ud, som om hele byen der var blændværk.

Da byfolkene dagen efter spurgte dem, om de fandt skatten i højen, sagde de to, at det var Søren Leth, der ikke kunne holde styr på sin mund: "Han ku jo ha past det han skul, i stejen for å gi sæ a med majen på gassen."
Søren Leth sagde siden, når folk lod ham det høre, at de ikke kunne grave længere for vand, men det var der naturligvis ingen, der troede."

Endelig skal til slut anføres den mest romantiske tradition, som hævder, at der engang i gammel tid stod et slag i området, hvor den lokale kong Magnus, hans søn, og mange af hans ryttere faldt. Kong Magnus og sønnen blev begravet i Store Mons og rytterne i den nærliggende jættestue Lille Mons.

Bynavnet Kongerslev skulle så komme af, at her levede der konger i en fjern fortid. Stednavnet Kongerslev har dog en langt mere jordnær forklaring. Det kommer utvivlsomt af ordet kongelev, der betyder krongods. Kongelev var ubeboede områder, som i den tidlige middelalder tilfaldt kongemagten, fordi ingen andre gjorde krav på dem.

Som sagt ved vi jo ikke, om området har været beboet uafbrudt siden stenalderen. Det kan sagtens have ligget ubeboet hen i nogle hundrede år. Endelig kunne ordet kongelev jo også hænge sammen med områdets tilknytning til den nærliggende øde Vildmose.

Kilde: Oplysningerne om Store Mons og de tilknyttede sagn stammer fra optegnelser af K. Frederiksen, som bl.a. bygger på værket Danske Sagn.

Danmarks eneste tiendegård

Når man nævner herregården Gudumlund, vil mange her på egnen straks sige Friedrich von Buchwald. Det er et navn, der stadig får noget til at klinge. De fleste forbinder det først og fremmest med de historiske fabrikker ved Gudumlund og i Gudumholm, og det er i grunden ganske misvisende. Fabrikkernes storhedstid falder nemlig først i en senere periode. På den anden side fortjener Buchwald dog til fulde at blive husket, men det er for hans indsats som godsejer og landmand.

Da Buchwald købte Gudumlund med tilhørende fæstegods af sin mor i 1776, var det hele i en elendig forfatning. Meget af jordtilliggendet var sumpet og stod i store perioder bogstavelig talt under vand. Det betød simpelthen, at de årlige indtægter var alt for små. Dels fik selve herregården for lidt ud af sin egen jord, dels havde fæstebønderne svært ved at betale fæsteafgifter og andre ydelser. Med hensyn til de kongelige skatter var det endda sådan, at disse skulle betales. Hvis fæstebønderne var ude af stand til det, måtte godsejeren personligt lægge pengene ud.

Buchwald siger selv følgende om jordens beskaffenhed i 1776: ”Halvdelen af denne overflade blev mig præsenteret under det prægtige navn af eng; men jeg så kun utilgængelige moradser. Den anden halve del består i øer, som ligger adspredt i moradser. Her er jorden af den allerfortræffeligste art." Problemet med den gode jord var jo desværre bare, at det var svært at komme til den og få den ordentligt dyrket netop på grund af de sumpede moradsområder.

Det skal endvidere tilføjes, at flere af bøndergårdene lå øde hen uden fæstere, og at det i de foregående år havde været nødvendigt at forsyne flere fæstere med bygningstømmer, heste samt korn til brød og udsæd.

Fra starten var det Buchwalds erklærede mål, at Gudumlund skulle bringes til at give et overskud, der stod i rimeligt forhold til gårdens og godsets størrelse. Her havde han flere instrumenter at spille på. Der var for det første de rent landbrugstekniske. Således gik han straks i gang med et stort afvandingsprojekt i form af et omfattende kanal- og grøftegravningsarbejde, og for at forbedre transportmulighederne lod han anlægge nye veje fra Gudumlund til Gudum og fra Gudumlund til Sejlflod. Desuden var han en svoren tilhænger af at indføre de nyeste former for landbrugsredskaber og dyrkningsmetoder; dog ikke altid med den store succes til følge.

For det andet hyldede Buchwald det princip, at jo bedre forhold hans bønder fik, jo bedre ville han også selv få det økonomisk som godsejer. Senere er han blevet kaldt for bondevennen Buchwald, og hvis vi ser på alle hans mange reformer, så fortjener han så sandelig også til fulde dette smigrende tilnavn. Blot skal vi altså ikke glemme, at han udførte reformerne for sin egen personlige skyld. Det fremgår klart af de erindringer, som han nedskrev nogle år senere.

Allerhelst ville han starte med at ophæve Stavnsbåndet, og det er faktisk temmelig interessant, da dette som bekendt først blev ophævet 12 år senere, i 1788. Af praktiske grunde kunne vor lokale godsejer ikke tage dette skridt allerede i 1776. Det var nemlig hans pligt at kunne stille med det nødvendige antal soldater i krigstilfælde, og så var han jo slemt på den, hvis de unge bondesønner nu uden videre rejste deres vej.

Selv om det fuldkomne lå uden for Buchwalds muligheder, kom han snart meget langt i den rigtige retning. Han afskaffede det fysiske hoveri, således at bønderne i stedet for kunne slippe med at betale en pengeafgift, der stod i forhold til størrelsen af deres fæstejord. Dette foregik helt ad frivillighedens vej. I begyndelsen så de fleste bønder på denne reform med mistro, men det varede ikke længe, inden de alle fulgte trop. Afgiften ville de hurtigt kunne tjene ind, fordi de nu fik mere tid til at pleje deres egne marker, og Buchwald ville på sin side også kunne få mere ud af at have en fast stab af tjenestefolk.

Som en reform i samme retning lod han bekendtgøre, at han ville afstå fra den gamle godsejerfidus med at rage afdøde fæstebønders efterladenskaber til sig. Godsejerne havde nemlig ret til at lade fæstegårdene istandsætte på afdødes regning, og så blev der ofte intet tilbage af arven. En grisk godsejer kunne sagtens suge til sig ud over alle rimeligheders grænse. Under sådanne forhold havde fæstebønderne ingen tilskyndelse til at vedligeholde deres gårde. De ville hellere i levende live stikke deres værdier over til børnene. Når Buchwald ville optræde rimeligt, var der kort sagt en større chance for, at man kunne undgå synet af forfaldne gårde på stribe.

Endelig var der de vigtige punkter, udskiftning af jorden, udflytning af gårde samt erstatning af den ubestemte korntiende med et fast pengebeløb. Disse problemer skulle løses for Gudum, Lillevorde og Sejlflod.

I disse tre byer blev der drevet trevangsbrug. Det vil sige, at marken var inddelt i tre dele. I den ene del blev der dyrket byg, i den anden rug og havre, og endelig lå den tredje del brak som græsmark.

Systemet var endvidere det, at samtlige gårde skulle have både noget af den gode og noget af den mindre gode jord. I de gamle landsbysamfund var der millimeterdemokrati på dette område. Og hold nu fast! I alle tre dele af marken havde hver gård deres jord spredt på mindst 20 forskellige steder; altså mindst 60 stykker markjord til hver gård, der lå som lange smalle agerstykker.

Under sådanne forhold var det en umulighed at skabe et effektivt landbrug, men her kom tilfældet Buchwald til hjælp. Samme år, altså i 1776, var der kommet en forordning, som tillod godsejerne at udskifte jorden, således at de enkelte gårde fik samlet deres marker på et eller i det mindste nogle ganske få steder.

Udskiftningen kunne lade sig gøre med loven i hånd, men ideen med at samle gårdenes jord på et enkelt sted ville selvfølgelig først være fuldkommen, hvis gårdene også blev udflyttet, så de lå ved deres jord. Buchwald mente, et 30 af de tre byers 48 gårde skulle flyttes op på den højere liggende mark.

Et så drastisk skridt ville imidlertid give næsten uovervindelige problemer for flere af de berørte gårde, idet der nogle steder skulle graves mere end 30 meter dybe brønde for at få vand. Selve arbejdet med at skulle hugge brøndene ned gennem hård kalksten kunne være slemt nok, men det var naturligvis endnu værre, at beboerne i al fremtid dagligt skulle slide i det for at hejse vand op både til sig selv og dyrene.

Disse problemer voldte Buchwald meget hovedbrud i lang tid, indtil han pludselig fik den geniale ide, at han kunne koble udskiftningen og udflytningen sammen med tiendespørgsmålet. Tiende var den gamle kirkeskat, som de danske bønder havde betalt gennem flere århundreder. Denne skat gik slet og ret ud på, at kirken skulle have en tiendedel af alt, hvad der blev produceret, altså hvert tiende neg på marken.

Præsten fik den ene tredjedel af tienden, kirkeejeren den anden tredjedel, og endelig gik den sidste tredjedel til kongen, hvilket i praksis vil sige godsejeren, som så svarede de kongelige skatter på anden vis. Buchwald lavede nu en aftale med sognepræsten for Gudum og Lillevorde, således at han skulle overtage hele tienden i sognet, og dermed kunne han foreslå bønderne en løsning, som de modtog med kyshånd.

Han foreslog dem nemlig, at han fik 2/15 af deres mark-jord, hvilket rent matematisk kom til at svare til værdien at den tiende, som han ellers skulle modtage. I den matematiske formel er iberegnet værdien af den arbejdskraft, som skulle til for at dyrke jorden. Ved en sådan løsning ville bønderne blive sparet for en masse arbejde samt en række andre ulemper, som vi ikke her skal komme nærmere ind på. Samtidig tilbød han, at han ville overtage den jord, som lå længst fra de berørte landsbyer.

Bønderne kunne kun bifalde en sådan løsning, for den betød jo, at færre behøvede at flytte ud fra landsbyerne. Buchwald ydede dem endvidere den gestus, at han lod godsets 8 ødegårde få deres jord i det samme område, men desværre skulle netop denne beslutning komme til at volde ham en bunke problemer.

Tre at de otte gårde havde været ubeboede, så længe folk kunne huske. Derfor lagde han deres jord til de øvrige fem, som han lod opføre med en stor fælles brønd. Det var en kostbar opgave at opføre disse gårde, men det skal da siges, at han fik et tilskud på 400 rd. fra Rentekammeret. Bygningerne stod færdige i 1779.

Nu kan man hævde, at det var en naiv tanke fra Buchwalds side, hvis han virkelig troede på, at han kunne få fem bønder til at overtage disse gårde. Dels havde han jo tidligere manglet fem bønder, dels blev de fem gårde opført på den dårligste jord, som lå længst væk fra landsbyerne.

Men måske var Buchwald alligevel knap så naiv, som den her givne beskrivelse giver udtryk for. Han havde nemlig ladet stuehusene opføre i en fælles bygning, altså hvad vi i dag vil kalde for rækkehuse. Udhusene lod han ligeledes opføre i en fælles bygning.

For udenforstående lignede disse bygninger, Tiendegården som de snart kom til at hedde, nærmest en nybygget herregård, der var indrettet til mejeridrift. Hvad, der virkelig havde været Buchwalds hensigt, kan ikke siges, men selv påstod han i alt fald hårdnakket, at der altid havde været tale om fem gårde.

Ellers havde han også gjort sig skyldig i to forskellige kriminelle handlinger. Så havde han for det første uretmæssigt modtaget det nævnte byggetilskud på de 400 rd. fra Rentekammeret, og for det andet havde han inddraget bønderjord, hvilket var strengt ulovligt.

Buchwald måtte flere gange rejse over til hoffet for at tale sin sag og for at tage kampen op mod alle de rænkesmede, der bestandig pustede til gløderne i hoffets kulisser. Ved en enkelt lejlighed måtte han endda opholde sig i København i flere måneder for at klare skærene. Det lykkedes til sidst. Tiendegården fik lov til at bestå, og i denne forbindelse er det nok værd at bemærke sig, at det forblev den eneste tiendegård i Danmark. Buchwald er den eneste danske godsejer, der har modtaget jord som erstatning for den sædvanlige tiende, og bønderne var vel at mærke tilfredse med denne løsning.

Gårdens videre skæbne skal ikke beskrives her. Kun så meget, at den var på 41 tdr. hartkorn, hvilket var langt mere end de fleste af egnens herregårde. Den var fra starten lagt an på mejeridrift, og under Buchwald kan man i øvrigt sige, at den i høj grad tjente som forsøgsgård. Tiendegården blev udstykket i 1923.

Hovedkilde: Friedrich von Buchwalds egne erindringer i Almeennyttige Samlinger 1790 og 1791.

Lindenborgs ældste historie

Lindenborg nævnes første gang som herregård i 1367, men da under navnet Næsholm. Sandsynligvis er den dog endnu ældre. Gården lå ved landsbyen Næs, som dengang udgjorde sit eget sogn. Sognet ophørte formodentlig med at eksistere i første halvdel at 1400-tallet, og derefter blev herregården lagt under Blenstrup Sogn.

Næsholm eller Næs, som efterhånden blev det almindelige navn for gården, blev i 1405 ved et gavebrev tilskødet bispestolen i Viborg. Jakob Kirt, som ejeren hed, gjorde det nok ikke udelukkende for at få sjælefred efter døden for sig selv og familien, skønt dette er den officielle forklaring i gavebrevet.

I 1405 blev Danmark regeret af dronning Margrete den Første, og hun var, som nogle måske husker fra historiebøgerne, en usædvanlig stærk kvinde. Nok havde hendes far, Valdemar Atterdag, haft held og dygtighed til at samle det Danmark, som næsten var helt i opløsning, da han blev konge i 1340; men alligevel havde han ikke kunnet forhindre, at adelen mange steder regerede uhæmmet videre på de godser, som han havde fået dømt hjem til kronen. Dronning Margrethe gjorde meget for at få disse domme effektueret, og på en måde kan vi godt sige, at hun i adskillige tilfælde bogstavelig talt gik i kompagni med Kirken. Kirken var i stand til at hævde sin ret, og når hun lod den overtage godserne, opnåede hun i alt fald at få neutraliseret en række potentielle verdslige modstandere.

Valdemar Atterdag havde vel ikke fået Næs dømt hjem til kronen, men en sådan bagatel kunne Margrethe sagtens få arrangeret. Selv om vi ikke kan føre beviset, vil det være en særdeles rimelig antagelse, at Jakob Kirts gavebrev skal ses i denne belysning, da han tilhørte en slægt, som havde været helt i front i kampen mod Valdemar

Atterdag. Det var ikke kun Næs, der på denne måde ved frivillig tvang gik omtalte slægt af hænde. Jo, dronning Margrethe vidste nok, hvordan hun skulle tackle sine modstandere.

I denne forbindelse kan det nævnes som en sidebemærkning, at hun her i Østhimmerland også skænkede Egholm i Skørping Sogn til Kirken, men under den betingelse, at slottet skulle nedbrydes.

Så slemt gik det ikke med Næs. Her fik både gården og hovedbygningen lov til at bestå under ledelse af kirkelige embedsmænd indtil Reformationen i 1536, hvor den overgik til kronen. Forinden var det hele dog blevet brændt ned af Skipper Klement og hans bondehær.

Det nuværende slot blev bygget af Korfits Wiffert, som arvede Næs fra en bror i 1567, og det er faktisk en romantisk historie. Korfits Wiffert ville nemlig også gerne ved samme lejlighed overtage broderens forlovede, jomfru Anne Gyldenstjerne.

Men den kærlighed var efter sigende ikke gengældt. For at undslå sig lod Anne Gyldenstjerne derfor opstille en række krav til en ny hovedbygning som betingelse for at give sit ja, og skønt opgaven forekom temmelig vanskelig, gik Korfits Wiffert straks i gang. Han lod opføre det nuværende smukke hvide slot, og brylluppet stod i sommeren 1571.

Kilde: Kl. Gjerding: Bidrag til Hellum Herreds Beskrivelse og Historie. Aalborg 1890.

Sofie Amalie Lindenov

Sofie Amalie Lindenov er en af de mest farverige besiddere, som Lindenborg har haft i sin nu 650 år lange historie, og så kan vi da også gøre opmærksom på, at det er fra hende, gården har fået sit navn. Beskrivelsen af hende bygger hovedsageligt på en mundtlig tradition, og

der er jo nok blevet lagt lidt til i årenes løb, inden histori-
en endelig blev nedfældet på skrift. I det følgende gengi-
ver vi den version, som, Kl. Gjerding mener, kommer
nærmest sandheden.

Sofie Amalie Lindenov var født den 4. juli 1649. Hun
var datter af Hans Lindenov til Iversnæs og Christian den
Fjerdes datter med Kristine Munk, Elisabeth Augusta.
Alle kong Christians døtre med Kristine Munk levede på
en forargelig måde med deres mænd. Den eneste undta-
gelse var ægteskabet mellem Leonora Christina og Korfits
Ulfeld. Hans Lindenov har således skrevet i et brev: "Jeg
må bekende, at jeg er blevet gift i en fandens måde."

For hans svigersøn Klavs Daa, der blev gift med Sofie
Amalie i 1674, har ægteskabet sikkert været endnu værre.
Dog gik der måske et stykke tid, før han nåede til denne
erkendelse, da han tilbragte det meste af sin tid som oberst
i kongens tjeneste, medens den unge frue så kunne gå i
ensomhed hjemme på Lindenborg, der dengang blev kaldt
for Daasborg.

På grund af kedsomhed indledte hun mange elskovsfor-
hold, endog med folk af den aller simpleste slags, og det
siges, at hun fem gange er blevet mor, uden at man har
vidst, hvor børnene blev af. Efter forlydender skulle hun
simpelthen have ombragt dem.

Når Klavs Daa kom hjem fra hæren, skjulte hun sig
undertiden i de omkringliggende bønderbyer, for at han
ikke skulle se hendes tilstand, og der ventede hun så, ind-
til der atter blev fri bane.

Sofie Amalie ikke blot bedrog sin ægtemand. Hun be-
sluttede sig endog til at tage livet af ham. Engang, hvor
han først ventedes hjem efter mørkets frembrud, havde
hun ladet vindebroen trække op, for at han skulle styrte i
voldgraven med heste og vogn. Så var der en rimelig
chance for, at han ville brække halsen, men forsøget mis-
lykkedes. Hestene mærkede faren og drejede af.

I slutningen af 1678 havde ægteparret en søndag været i kirke i Blenstrup, og efter gudstjenesten tog de ind hos kapellanen, hvor de spiste til middag. Om aftenen, da de skulle hjem, blev fruen upasselig og kom sig ikke før henimod midnat. Da de først på natten holdt ved ledet til Lindenborgs mark, blev de mødt af en bevæbnet rytter, som straks affyrede et skud mod Klavs Daa, der sad i den åbne vogn.

Sofie Amalie skal ved denne lejlighed have udbrudt: "Ak, mit hjerte! Jeg er bange, at du fik skade." Klavs Daa, der var på vej ud af vognen for at finde et skjulested, kunne dog råbe tilbage: "Nej, den gang ikke." Så affyrede rytteren imidlertid endnu et skud, og denne gang var det ude med Klavs Daa.

Liget blev bragt til Lindenborg, og Sofie Amalie sendte nu straks bud til Blenstrup efter kapellanen og hans hustru, og de skyndte sig naturligvis af sted. Kapellanens hustru, der tidligere havde været fruens kammerpige, var ganske utrøstelig, og da hun ikke kunne holde op med at græde, skal fruen have sagt til en lille barnepige: "Ak barn! Hent os en teglsten til at tørre Karens øjne med."

Mordet blev forklaret på forskellig måde. Der udbredtes bl.a. det rygte, at den ukendte rytter var en rejsende krigsmand, som ikke havde kunnet komme over ved det lokale færgested, hvilket må have været over Lindenborg Å, fordi færgen ikke var sejlklar. Han ville derfor hævne sig på Klavs Daa, fordi denne ikke holdt tingene bedre i orden. Andre sagde, at det var skytten, der var morderen, og andre, at det var en mand fra landsbyen Horsens.

Nu mere end 300 år senere må vi konstatere, at vi faktisk ikke ved, hvem morderen var, men det lyder i alt fald ikke sandsynligt, at det skulle være en rejsende krigsmand, som havde ladet sig ophidse af en bagatel. Det lyder mere rimeligt, at morderen skulle søges i lokalbefolkningen, skønt vi ikke har et konkret kendskab til motivet. Eftertiden har været mest tilbøjelig til at mene, at den egentlige ophavsmand har været Sofie Amalie, og det er vel egentlig også det, der skinner igennem hos Kl. Gjerding i det refererede stykke.

Efter at være indtrådt i enkestanden skulle den unge frue efter sigende have levet et endnu vildere kærlighedsliv end tidligere, og det var noget der smittede. På et tidspunkt skulle der således have været 16 par på Lindenborg, "som søgte seng sammen, uden at et par af dem var ægteviet."

Sofie Amalie blev gravid igen og igen, og når hun var stået op af barselssengen, fandt hun på en køretur umiddelbart efter et hittebarn i vejsiden. Disse børn lod hun udsætte til forsørgelse hos folk i de nærliggende byer, og i disse hjem manglede der aldrig de nødvendige naturalier. Da Sofie Amalie skulle føde sit sidste barn, havde hun i flere dage de forfærdeligste smerter uden at kunne få det overstået. Det endte derfor med, at hun blev transporteret til Aalborg liggende på et læderdækken udspændt mellem fire stærke heste. Transporten blev ledsaget af livlig musik, for at hendes jammerskrig ikke skulle høres. I Aalborg blev fosteret skåret ud, men hverken barnet eller moderen overlevede. Sofie Amalie Lindenov blev kun 39 år gammel.

Dette er sagnhistorien om Christian den Fjerdes barnebarn, som i 1681 fik godset gjort til baroni under det nuværende navn Lindenborg. En ikke særlig smigrende historie kan man måske sige, men det er muligvis også historien om den ene fjer, som blev til fem høns, da de eksisterende kirkebogsoplysninger tilsyneladende ikke kan bekræfte hendes udsvævende liv.

Der kunne skrives meget mere om Sofie Amalie Lindenovs liv på Lindenborg, men lad os til slut blot omtale en sag, som altid har haft historiebøgernes interesse; nemlig mosteren Leonora Christinas 22 år i fangenskab, fordi hun ikke ville svigte sin mand, landsforræderen Korfits Ulfeld.

Når Leonora Christina blev frigivet i 1685 af Christian den Femte, skyldtes det blandt flere andre forhold også et betydeligt pres fra Sofie Amalie. Presset bestod i, at hun havde testamenteret Lindenborg til kongens frillesøn Christian Gyldenløve.

Det var naturligvis noget af en gave, som denne frillesøn ville få engang med tiden, og det brugte Sofie Amalie over for drengens mor, som igen lagde pres på kongen. Kl. Gjerding skriver endda, at Sofie Amalie personligt afhentede Leonora Christina, da sidstnævnte forlod sit fængsel i 1685, hvilket dog nok ikke er rigtigt. Leonora Christina skriver i alt fald selv i sin bog Jammersminde, at hun blev afhentet af Anna Catharina Lindenov.

Kilde: Kl. Gjerding: Bidrag til Hellum Herreds Beskrivelse og Historie. Aalborg 1890.
Leonora Christina: Jammers Minde.

Finansminister Schimmelmann

Lindenborg har siden 1762 været i familien Schimmelmanns eje. I denne lille artikel vil vi nøjes med at give en kort omtale af finansminister Heinrich Carl Schimmelmann, som var den første af slægten i Danmark.

H. C. Schimmelmann blev født i 1724 som søn af en pommersk købmand, og det tør nok antydes, at han allerede som ung mand udviste et enormt talent for faderens profession. I 1761, da han endnu kun var i midten af 30'rne, havde han skabt sig en sådan formue og opnået et sådant ry for sit finansielle talent, at han blev kontaktet af den danske regering, som søgte en redningsmand til at klare landets økonomi.

I de foregående år var Danmark kommet ud på afgrundens rand. Statens gæld voksede og voksede. H.C. Schimmelmann blev altså importeret til at løse problemerne, og der blev i den anledning oprettet en Overskattedirektion med ham som leder. Den nye finansminister klarede da også paragrafferne til ug. Bl.a. udskrev han en særdeles upopulær ekstraskat, som skulle betales af alle over 12 år i månedlige afdrag. Her blev der ikke gjort forskel på fattig og rig; dog blev der givet lettelser for enkelte befolkningsgrupper, f.eks. blev skolelærere, skovfogder og tugthusfanger helt fritaget.

Schimmelmann optog også flere fordelagtige udlandslån, og han sørgede for at få solgt en lang række af statens besiddelser. Personligt købte han statens store plantager i Vestindien med tilhørende sukkerraffinaderier. Det var en god forretning, som han ikke kunne lade gå sin egen næse forbi.

Når Schimmelmann købte Lindenborg i 1762, var det ikke for at blive landmand og godsejer. Rent faktisk opholdt han sig måske kun ved en enkelt lejlighed ganske kortvarigtvel på slottet. Købet skal udelukkende ses som et skridt på vejen til at erhverve sig en adelstitel. Det lykkedes også. Lindenborg var blevet nedlagt som baroni i 1752, men opnåede atter den gamle status i 1764, og i 1781 blev det ophøjet til grevskab. Den tyske købmand, der havde reddet Danmarks finanser, var hermed blevet greve.

Den sidste titel kom Schimmelmann dog ikke til at nyde ret længe, da han døde året efter, i 1782. Hans formue var da på 3 millioner rigsdaler, hvilket efter tidens forhold var et svimlende beløb. Det var for øvrigt netop en bid af denne kæmpeformue, som siden var med til at finansiere Gudumlunds Fabrikker, men det er en helt anden historie.

Kilde: Danmarkshistoriske værker samt diverse spredte oplysninger hos Alexander Rasmussen.

Kvinderne på gården

Vi har fået lov til at bringe et uddrag af en artikel fra 1971 skrevet af afdøde chefredaktør Alfred Winther, Dagbladet Ringsted. Alfred Winther beretter om sit barndomshjem i Gudum i begyndelsen af århundredet. Han kalder det selv for en almindelig bondegård i Østhimmerland, og der kunne da utvivlsomt også have været skrevet lignende beretninger fra en masse gårde i områdets øvrige byer. Her blev der blot ikke født en Alfred Winther, som var en mester i at sætte sine erindringer på tryk.

*

Der kunne være forskel på mødre. Vores kunne ingen sige noget på, gjorde det heller ikke. Hele byen, ja naboerne med, vidste hvor god hun var. Den viden kunne man godt i al stilhed for sig selv gå og være lidt vigtig af.

Man led med hende, når kærnen drillede i sommervarmen og fløden ikke ville blive til smør. Man delte med hende spændingen om den store murede bageovn nu også var ildet rigtig, når de lange rækker af rugbrød blev sat ind efter det hårde slid i dejtruget. Den var i orden. Ligesom ølbrygningen, dypningen af de mange tællelys og ostene der lå på række oppe under stråtaget.

Der kom mange gode ting fra køkken og bryggers. Der sidder endnu i en aldrende næse den herligste duft af de fine, æggegule æbleskiver, moderen javede til at bage, når velsete gæster som f.eks. en gudmoder smuttede indenfor en eftermiddag - eller det mærkes, som var det i går, at en tør kringle blev skivet ud og braset op i smør på panden, serveret med strøsukker på. Det var helt på sin plads af præsten at kalde den slags "himmerigsmundfulde". Han måtte da vide det. Selv kunne man ikke tænke sig et himmelsk bageri gøre det bedre.

Gårdens kostplan var ellers ikke baseret på den slags lækkerier - så meget mere blev de påskønnet, når de dukkede op. Grundstofferne til den daglige forplejning kom fra stald, mark og have samt et beskedent fjerkræhold og et jævnligt besøg af fiskemanden. Det var ikke ligegyldigt, om han kom fra hav'et eller fra fywren. Kattegat leverede bedre fisk end Limfjorden, mente man. To store fedegrise, aldeles ikke baconsvin, og fem får måtte hvert år lade livet og lægges i saltkarrene eller hænges til røgning. Der var måske rigeligt med fedtstoffer i madplanen, men de smagte dejligt, og den stående ordre lød: Spis brød til, ellers får du knuder på halsen! Nå, der var også frugt og bær i haven - aldrig synes det muligt at finde så gule og søde stikkelsbær som dem fra disse to buske. Det går heller aldrig af glemme, at moderen uden mindste indsigelse lod drengen hoppe ud af sengen om morgenen og styrte barfodet, i stumpet skjorte ud på plænen for at samle røde æbler op, inden man skulle i gang med mælkesopperne til davren: kogt mælk med opblødte rugbrødsterninger!

Det lyder nok stygt i nutidsøren, men det huskes ikke, at der var noget som helst i vejen med denne simple, sunde ret i de dage. Eller med det fælles lerfad, som alle langede til med hornskeen. Først, da en af de store "drenge" havde været inde som soldat helt ovre ved København, og der lært nymodens skikke, blev fadet afløst af kopper eller tallerkener. Gården var som alle andre madmæssigt selvforsynende, indkøbene hos købmanden forholdsvis små. Det var ikke svært at få os til at løbe sådanne ærinder. Moderen kunne af og til udlove et kræmmerhus knalder for en toøre.

Så blev købmanden afløst af en brugs, og en meget fin uddeler skrev nu i den samtidigt indførte kontrabog: drops 0,02. Mærkeligt. Havde der så endda stået brystsukker! De røde "Kongen af Danmarks" smagte godt og var også gode for halsen. Behagelig medicin, langt skønnere end kinadråber, "tages i vand, vin eller brændevin". Det blev altid det første, men det kunne hænde, at moderen også kom frem med saftflasken.

Der ligger ikke i erindringen nogen mindelse om, at der blev sat mad på bordet, som man ikke kunne lide. Tværtimod: en naturlig appetit gjorde sig gældende omkring fadene hos store og små. Ingensinde siden oplevet er den store, sorte pande sat ind på bordet ved aftenstid efter at have været over ilden med sit indhold af udskårne kartofler, flæsketerninger og løg i en blanding af mel, mælk, salt og lidt soya. Panden blev tømt til bunds, i fælles iver efter at nå frem til skoverne og i glad forventning om, at næste aften kunne denne livsalige nydelse gentages.

Det er den ældgamle sang om "mors mad". Den fornyes i hver generation med en ny mor, hvis madkunst også er uforlignelig.

Når moderen har været på sygehus, og en slem operation ikke er lykkedes, kommer hun hjem i en kiste. Så er alt anderledes. Så er der pludselig kun tomme steder der, hvor hun plejede at være. Så fryser drengen i en bluse, der ellers altid var varm nok. Så er mørket, som børn ikke kan lide, mørkere. Nu kommer han i tanker om det lille smil, han og andre så tit havde fået. Det var nok alligevel moderen, der tiest lod smilene varme op på den gård. Nu var de der ikke mere. Det var hende, man lettest kunne liste hen til og tage i hånden, når livets modgang blev for svær at klare alene for en 10 - 11 årig. Ved hendes øjnes lys kunne skyerne spredes.

Ovenfor er talt om kvinderne på gården. For der var jo flere. Altid to raske piger, hvoraf i alle tilfælde den ene var helbefaren inde som ude. De stod for håndmalkningen, indtil mandlig medhjælp rykkede frem sammen med besætningens vækst. De håndterede en møggreb i kyndig spredning ude på marken. De fulgte med som opbinderske efter mændene med mejeredskaberne, før maskinerne tog føringen. De kunne være med i laden og på høstænget ved hjemkørselen. For ikke at tale om tørvene.

Og var altså, når de var bedst, lige så ferme ved det indendørs under husmoderens ledelse. Med hende kunne de som alle andre så godt, at en lang og arbejdsfyldt dag gik til ende uden sure miner eller vrantne ord. De blev en samhørende del af familien, knyttet til denne i et troskabsforhold, der ofte varede ved livslangt efter tjenestetidens ophør.

Moderen var så dygtig og så god. Nogle år stod det sådan for en, at alt dette forsvandt med hende, men man fandt så beroliget ud af, at kvinder i nye slægtled fra deres hjem havde taget lignende egenskaber i arv og lod dem leve videre på deres vis - nok under nye former, som "tiden" langsomt eller hastigt nu vil det, men stadig til at kende igen som det, man holdt så meget af dengang.

Det var naturligvis ikke bare moderen i denne nordjyske gård, der var så enestående. Hun havde og har sine ligesindede repræsentanter i en stor skare fordelt over land og by i hele riget.

Kilde: Dagbladet 10/12-1971.

Lejekontrakt fra Nr. Kongerslev 1847

Lejekontrakt imellem undertegnede Jens Madsen og Peder Christensen Smed i N. Kongerslev. Jeg Jens Madsen bortlejer herved til Peder Christensen Smed på 1000 år en lod i N. Kongerslev Kær i den såkaldte Husfolkenes Fælled, hørende under det mig ved skøde af 15. september 1845, tinglyst 23. september næstefter, overdragne sted i bemeldte N. Kongerslev, der har mtr. nr. 32 og stod for gl. htk. 4 skp. 2 fdk. 1 14/15 alb. Overdragelsen af lodden, som grænser mod øst til Vildmosen, mod nord til Peder Tobberups ejendom, mod vest til Kalkærs mosen og mod sønder til lejerens ejendom, sker på følgende vilkår:

1. Det er overladt lejeren at afbenytte det bortlejede, således som han finder for godt, og han, arvinger eller følgende besiddere skulle i det nævnte tidsrum af et tusinde år og på de her stipulerede vilkår være berettigede til at gøre fremleje deraf, og de kunne altså overdrage det til hvem det måtte overlades.

2. Lejeren er fritaget for at erlægge nogen lejeafgift for overdragelsen, men i vederlag for skatter, afgifter og pålæg erlægges årlig hver 13. juni til ejeren 24 skilling.

Jeg Peder Christensen Smed tilstår herved at have indgået foranstående kontrakt, som bekræftes med begge contrahenters underskrift i tvende vidners overværelse.

N. Kongerslev, d. 6. april 1847.
Peder Christensen Smed
Jens Madsen
Til vitterlighed: Tyge Christensen
                   Niels Pedersen

Minder fra Nørre Kongerslev

I 1921 stod der en artikel i Fra Himmerland og Kjær Herred med titlen Minder fra Nørre Kongerslev. Forfatteren hed P. Andersen og var forhenværende gårdejer. Det er en særdeles velskrevet artikel, og den indeholder et væld af de skønneste kulturhistoriske og lokalhistoriske oplysninger. På de følgende sider vil vi bringe en række uddrag i ordret gengivelse. Vi starter med forfatterens bedstefar, Peder Smed, der var født i 1796, og som i 1815 blev gift med sognesmedens datter.

Bysmeden var i den tid en slags embedsmand. Embedet gav ikke mange penge, men des mere i naturalier. Det hed sig, at smeden havde tenning (tiende) med mændene, og det bestod i, at han skulle udføre alt deres smedearbejde, hvad der hørte til reparationer og slid på beslag af heste, vogne, plove og andre redskaber samt bygninger. Kun nyanskaffelser fik han penge for. Som vederlag fik han visse skæpper korn af hver mand, og desuden hørte der til smedens brug: græsningen på hele fælleslodden Regel. Der var lagt en eng til smedens hus til at holde en ko på, og så mødte mændene selv med kul og jern, når de skulle have noget smedet, for så havde de samlet arbejde sammen til hele dagen. Desuden medbragte de fortæring til sig selv og smeden. Foruden en tejne fuld af gode mellemmadder og en dunk øl så bragte de også rigeligt brændevin med. Når de så havde styrket sig tilstrækkeligt, tog de fat. Mændene trak blæsebælgen og brugte forhammeren, for den var mere i brug end nu, da smedene køber næsten alt materiale i mere eller mindre tillavet stand. Dengang havde de næsten ikke andet end svensk stangjern, og det skulle kløves og hamres ud til de forskellige ting. Værktøjet var også meget mangelfuldt, og det ligger nær at antage, at arbejdet blev derefter. Der må dog have været ikke så lidt smederi, for Peder Smed holdt både svend og dreng.

Peder Smed kunne spille violin, vistnok uden noder, og han hjalp folk til rette med forskellige ting. Mest bekendt blev han måske ved at kurere på folk og fæ. Han forbandt arme og ben for folk, hvis de havde været så uheldige at brække dem i stykker, og distriktslæge Gad erklærede, at det var godt gjort. Bulne fingre og ulykkessår var han søgt til, og var noget kommen af led eller forstuvet, så fingrede han det i lave eller bandt stivere derved.

Peder Smed var en høj, svær mand i gule skindbukser og ditto trøje, der blev brugt som undertrøje, og derfor var det kun ærmerne, der var synlige, for den stribede hvergarnsvest dækkede over bullen. Men det gule skind blev på de slidte steder blankt og mørkt. Han brugte også, som skik og brug var, en høj strikket lue med en dusk i toppen, der hængte ned på skuldrene. Farven var sædvanlig højrød, men den, jeg husker ham med, var rød og blåringet. Han havde til mundheld: "Man skal gøre folk alt det godt, man kan; men man må ikke gøre al den fortræd, man kan." Han sagde også tit: "Man skal altid betragte en sag fra to sider."

Så længe det på nogen måde gik an, lavedes der brændevin hos smedens ligesom alle andre steder, og der gik mange historier om, hvordan de narrede politiet og ledte dem på vildspor, når de var på jagt efter brændevinsværk; men han holdt af at stå sig godt med øvrigheden, og derfor solgte han kobbertøjet, mens tiden var. Personlig var han nok mådeholdsmand, for totalmændene var ikke opfundne i hans tid.

Han var en myndig mand, og var der nogen, der ikke ville makke ret, var han ikke bange for at gøre modstand. Der fortælles om flere sammenstød mellem ham og pastor Mogens Nielsen, der også nok ville give tonen an. Der fortælles, at da Skjel-Thomas skulle begraves, var der ingen til at ringe med kirkeklokken. Han var nok ikke kommen rigtig af dage. De var fattige folk, og konen var helt elendig derover og kom ind til smeden og klagede sin nød. "No skal A reng," sagde han og tog sit skødskind af og gik med det samme. Da præsten, Mogens Nielsen, kom, spurgte han Peder Pallesen, skolelæreren, om, hvem der ringede, og han sagde, at det var smeden. "Har han sit søndagstøj på?" spurgte præsten. "Nej, han har ikke engang vasket sig," sagde P. Pallesen. "Så skal han herut, han er en uren hund," for præsten op. "A troer ekke, sme-

jen gor, før han sjel vel." Præsten ind i kirken og ville
have smeden ud; men denne sagde: "Pas Deres egne sa-
ger, pastor Nielsen, så skal A nok pas min." Præsten greb
i ham, og det var ved at komme til håndgemæng, da Palle-
sen lagde sig imellem. Det er ikke godt at vide, hvordan
det ellers ville være gået. Så ringede smeden videre, til de
fik liget i jorden.

En anden gang var der barnedåb, og præsten syntes, der
blev ofret for lidt. Efter gudstjenesten gik han ind til Chr.
Sadelmagers, hvor barselgildet stod, og sagde: "Sådanne
ofre behage inte Herren, og de behage heller inte mig,"
idet han smed offeret hen ad bordet. Peder Smed, der var
en af fadderne, strøg pengene i sin hånd og stak dem i
lommen og sagde: "Så behage di wos," og så for præsten
ud og slog døren i efter sig.

Bedstefars (Peder Smeds) hjulplov har nok ikke tilfreds-
stillet min far, for han fik anskaffet en svingplov, og da
den heller ikke var rigtig god, måtte han til at lave om på
den; men det varede en tid, inden han fik den rigtig i or-
den. Avlingen blev imidlertid forøget så meget, at de fik i
sinde at bygge en ny lade. Det var midt nede i toften, de
gav sig til at måle plads af, og det var ikke efter bedstefars
hoved således at ødsle med jorden, og han var lidt vranten
i den tid. Det var ved at blive dyrtid. 1 tønde kalk kostede
1 rd. 5 mk., og daglejen var 4 mk. Håndværkerne var
svært ovenpå, de skulle da altid have bedre kost end al-
mindelige mennesker og et par ekstra drammer til hvert
måltid.

Niels Jepsen var ellers væver, men i den tid var han
håndlanger for murerne, og da der kom til at mangle en
mand, så gjorde min far aftale med ham om, at de nok
kunne klare det alligevel, de fik så at tage et par drammer
mere. Det gik Niels Jepsen ind på, og så mødte han kl. 3

om morgenen og lavede kalk, så de havde oplag, når murerne kom.

Det sørgelige år, da krigen udbrød, var kommet, og min mor sad og læste avisen for min far. Der stod, at hæren havde forladt Dannevirke. Da blev min far meget bedrøvet. "Så står det dårligt til med os," sagde han, og det slog jo til.

Pinsemorgen 1864 så vi de første pikkelhuer her. Der blev skrevet med kridt på dørene, hvor mange mand vi skulle have i kvarter. Dengang lå Nørre Kongerslev i en afkrog, og det hed, at tyskerne var bange for at komme for nær til Vildmosen, så vi blev ikke slemt plagede med deres besøg; men der kom dog af og til både fodfolk og hestfolk, og de optrådte temmelig brøsigt. Jeg så en rød husar sætte karabinen for brystet af Sand-Mads inde i Jens Madsens gård. Han skulle gøre plads til deres heste, og der lå noget strøelse i en af båsene.

De heste, der duede noget, var i forvejen ført væk, for at tyskerne ikke skulle tage dem. Der blev også udkommanderet køretøjer til at besørge tyskernes kørsel. Hvordan de fik dem tilvejebragt, måtte mændene selv om, men så og så mange skulle de møde med, og så måtte de køre hen, hvor tyskerne kommanderede.

Korn og fødevarer tog tyskerne, hvor der var noget, så det gjaldt om at få det væk. Jens Madsen og far kom ikke meget sammen, men nu kom han, om de ikke kunne hjælpe hinanden at få noget af vejen. De hjalp så hinanden om natten at køre korn ud på Kæret i et par gamle huse, hvor de fik det på loftet.

Vor nabo Jørgen Nielsen (kaldet Kræmer) af Prielgården var en statelig gammel mand. Var han i pynten, da var det blåt, men blankt vadmelstøj, sort silkehalstørklæde og høj sort silkehat. Og så den værdige holdning. Han var en sjælden pæn gammel mand.

Jørgen og min far var rigtig gode venner. Jeg erindrer i 1864, da vi havde indkvartering af tyskere. Jørgen kom vesten ind ad gården med lange skridt og slog ud med hånden. "Annes. Annes. Hwa skal A gi dæ? Annes - i erstatning - Annes - for det row - Annes! wo pig hå vælt det row nier. Annes! Hwa skal A gi dæ, fo de wo pig hå vælt det row nier - mæ en tysker."

Der blev ikke mere tale om erstatning, men derimod om pigernes letsindighed, for hun var ikke den eneste, der forså sig på de blanke knapper og pikkelhuerne.

Beboelsen her var som før omtalt ikke alene tarvelig, men også skrøbelig, så de begyndte for alvor et gøre forberedelser til at bygge et nyt stuehus. Når far var i Aalborg med korn, så købte han et læs fjæl og tog med hjem, og de blev lagt op på bjælkerne i laden til tørring og sat på højkant for ikke at kaste sig, og om sommeren hentede de ler i byens lergrav og strøg sten, som de satte i hus, når de var godt tørre. Således sankede de sammen i en 2 - 3 år, indtil de mente at have nok.

Søren Back og Niels Henriksen, begge to murere og svigersønner fra Prielgården, fik akkord på murerarbejdet. Murstenene blev købt i Gudumlunds Fabrik og sejlet ad Kanalen op til Krogen, hvor nu den ny bro går over Kanalen. Og så tog de fat. Det var den gang skik, at når nogen byggede, så hjalp alle bymændene til med at hente materialerne, og da far havde kørt for mange, så kom de fleste selv og tilbød sig med kørsel.

Blandt traktementet var der gammeløl på bordet, og man kappedes ligefrem om at køre teglsten. Huset blev rejst mikkelsdag den 29. september 1868. Der blev muret et par skillerum for at stive ydermuren lidt, og så stod snedkerne og lavede det indvendige i stand om vinteren. Det var dengang skik at høvle og pløje brædderne ved håndkraft og ikke som nu at købe dem færdige til at fæste på.

Der kom engang en forretningsmand, mere end almindelig ihærdig for at sælge sine varer. Han solgte termometre. Det var før 1869. Det kneb med at få et termometer solgt til min mor, for sådan en tingest syntes hun ikke, hun havde brug for; men han forklarede, at ved hjælp deraf var hun anderledes sikker på et godt resultat, når hun lavede smør, ost eller øl. Termometret var efter Réamur delt i 80 grader fra 0 til kogepunktet. Ved 13 grader stod der smør, ved 22 øl og ved 28 ost. Det var dengang noget tilfældigt, om man fik fast eller blødt smør ved kærningen, og undertiden ville det slet ikke lykkes at få smørfedtet udskilt. For rigtig at overbevise mor om termometrets fortræffelighed ville han, de skulle prøve at kærne smør, og da mor havde en krukke syrnet fløde, blev forsøget sat i værk. Den lille stampekærne kom ind på stuegulvet, fløden blev ved hjælp af varmt eller koldt vand, hvilket det nu var, bragt til den rette varmegrad og hældt i kærnen, og så smed manden frakken og sagde: "Om en halv time har vi smør," og så kærnede han, så sveden perlede ned ad hans ansigt. Til den fastsatte tid var der smør af en passende fasthed. Mor syntes nok, hun kunne sine ting, men sådan en sikkerhed havde hun ikke kendt. Jeg tror nok, far tilskyndede hende at købe termometret, så manden fik det da solgt.

Kilde: P. Andersen: Minder fra Nørre Kongerslev.
Udgivet i Fra Himmerland og Kjær Herred 1921, side 72 - 107.

En aftægtskontrakt

P. Andersen købte gården af sin far i 1884, og som en del at skødet indgik følgende detaljerede aftægtskontrakt:
a. Til fri og udelukkende beboelse for os skal han på det sted i gårdens nærhed hvor vi nærmere bestemmer af nye og gode materialer opføre 6 fag hus og indrette det ganske

således som vi bestemmer og foreskriver og således at vi kan have en ordentlig og anstændig bopæl og skal aftægtshuset, hvis årlige vedligeholdelse på tag og fag indvendigt og udvendigt forsvarligt i alle måder selvfølgelig påhviler aftægtsyderen eller gårdens ejer, være færdig til at kunne tages i brug senest den 11. juni dette år. Til fri afbenyttelse for os så længe vi lever forbeholder vi os den søndre del af den ved gården værende have, hvilken del danner en trekant og således at der fra skellinjen, der drages tværs over haven, bliver ved venstre side af haven til den søndre ende et mål af 40 alen.

Vi forbeholder os derhos til enhver tid ret til fri adgang til og fra aftægtsboligen og haven samt ret til fri afbenyttelse af gårdens brønd.

b. Til vor underholdning skal han årlig levere os på vor bopæl så længe vi eller en af os lever i sunde og gode varer efter lovlig mål og vægt 4 tdr. rug, 2 tdr. byg, 1 td. 4 skp. malt, 2 tdr. kartofler, 6 lispund smør, 3 lispund ost, 6 lispund flæsk, 1 fed gås, 1 fedt og godt får og et do lam, 1 lispund renskaget hør, 4 pund uld, 10 snese æg, 8 pund lys, 2 skp. salt, 50 stk. grønkål, 10 stk. hvidkålshoveder, det fornødne gulvsand og 15.000 stk. skudtørv.

Kornet leveres med halvdelen hvert års 1. maj og 1. november. Kartoflerne om efteråret ved optagningstiden. Smør med en fjerdedel hver 1. januar, 1. april, 1. juli og 1. oktober.

Ost, der skal være kommenost, hvert år 1. oktober. Flæsk, salt og kål om efteråret, senest inden 1. december. Gåsen til mortensaften.

Fåret og lammet, der skulle leveres med ulden på om efteråret, senest inden 1. december.

Hør, uld og lys ligeledes om efteråret.

Æggene med en tredjedel hver 1. april, 1. juli og 1. oktober.

Sandet efterhånden som det forlanges, og tørvene, der skulle være godt tørre og af almindelig størrelse, leveres om sommeren i rette bjærgningstid, enten opstablet i aftægtsboligen eller sat i stak på et bekvemt sted for aftægtsfolkene.

c. Endvidere skal han daglig selv året rundt levere os på vor bopæl 3 potter nymalket mælk, der skal være afsiet men ublandet og leveres straks efter malkningen.

d. Han skal besørge vort korn formalet, og om vi forlanger det skal han lade vort brød bage samt besørge vor vask, alt på tilbørlig måde og lige så godt som han lader disse arbejder udføre for sig selv uden tillæg af brændsel eller andet fra vor side.

e. Til familie eller andre rejser skal han når vi forlanger det yde os anstændig befordring med kusk.

f. Når vi flytter i aftægtsboligen er vi berettiget til af gårdens bohave at udtage så meget som vi finder fornødent til at besætte aftægtsboligen med og til egen husholdningsførelse, ligesom vi også da skulle leveres en passende del af de betingede præstationer således at vi får det fornødne at leve af til de fastsatte leveringstider indtræder.

g. Såfremt præstationerne ikke leveres til rette forfaldstider, eller om de ikke leveres i sunde og gode varer, er vi berettigede til at kassere, og i begge tilfælde at anskaffe andre varer, som køberen eller gårdens ejer da uvægerlig skal betale efter regning. Skulle vi få i sinde at flytte fra aftægtsboligen og tage bopæl andet sted forbeholder vi os ret til at forlange samtlige efter litra b. og c. betingede præstationer betalte med penge efter egnens priser, og betales beløbet os da på vor bopæl med halvdelen i hver 11. juni og 11. december termin.

h. I sygdoms og alderdomstilfælde skal gårdens ejer yde os omhyggelig pleje og opvartning, hente og bekoste læge og medicin til os så ofte det findes fornødent, og når vi ved døden afgår lade os hæderlig begrave efter egnens skik og brug.

Foranstående aftægt skal hæfte med prioritet i de herved solgte ejendomme næstefter i alt 8600 kr. til højere rente end de lovbestemte. Når købesummen således er berigtiget, meddeler jeg køberen skøde overensstemmende med denne kontrakt.

Fra Rokkedrejerens tid

Forlaget Wormianum udgav i 1972 en besynderlig bog fra Himmerland, nemlig Rokkedrejerbogen, med undertitlen En himmerlandsk almuemands optegnelser. Optegnelserne er nedskrevet af Søren Christensøn Drejer fra Als, som levede 1679-1765. Det store arbejde med at tyde den i mange tilfælde næsten ulæselige tekst blev forestået af Peter Riismøller fra Aalborg historiske Museum.

Det er naturligvis først og fremmest Als Sogn, der bliver beskrevet i Rokkedrejerbogen, men den indeholder dog også en del oplysninger her fra Sejlflod Kommune (storkommunen), og dem griber vi med begærlighed, da de er op til 400 år gamle.

Hvis nogle har stående en gammel spinderok fra første halvdel af 1700-tallet, er det meget muligt, at den er lavet af Søren Drejer i Als. Alene i f.eks. 1735 solgte han 7 til beboerne her i kommunen.

Søren Drejer beskæftigede sig i øvrigt med en masse forskellige ting, bl.a. byggede han en mængde kåge. En kåg er en fladbundet båd med høje sider. I 1733 siger han, at han drog til Høstemark, hvor han byggede 9 kåge på 31 dage. Lønnen bestod dels i penge, dels i materialer og naturalier. Bl.a. fik han en stor ost med sig hjem og næ-

sten alt det tobak, han kunne nå at ryge under sit måned-
lange ophold. Samme år solgte han også en kåg til Stor-
vorde.

I 1734 drog Søren Drejer atter til Høstemark; denne
gang for at bygge 6 kåge, og i 1739 drejede det sig om 4
kåge. I årenes løb lavede han desuden nogle stykker til
Dokkedal og Knarmou. Disse oplysninger tyder unægte-
ligt på, at der i disse år foregik et livligt bundgarnsfiskeri i
Mou Sogn, hvilket vi også var inde på i et tidligere kapi-
tel.

Søren Drejer beskriver desuden fiskeriet omkring år
1600, således som han har hørt andre fortælle om det.
Dengang for over 400 år siden var den nu for længst for-
svundne landsby Kragelund mellem Dokkedal og Øster
Hurup den vigtigste fiskeplads mellem Limfjorden og
Mariager Fjord. Her kom der folk langvejs fra for at fiske
sild. Sildene blev enten saltet eller røget. Saltet skaffede
man sig på stedet af havvandet, som blev kogt i store salt-
pander.

Det sjoveste i Rokkedrejerbogen er måske Søren Dre-
jers mange gode råd og recepter, og da disse utvivlsomt
også er blevet brugt i alt fald i Mou Sogn, hvor han ofte er
kommet, vil vi i det følgende citere et par stykker om-
skrevet til et nogenlunde forståeligt dansk.

"For gale hundes bid: Syd en hugorm under lukket låg
og tag det fede, som skummer af, og smør på skaden. Det
samme kan også hjælpe for hugormebid."

"Om nogen er forgjort eller ellevild: Tag hans eget møg
og giv ham det hemmelig at fortære, så bliver han tilpas."
"Svindsot at fordrive: Tag den syges pis, slå da et frisk
hønseæg, som er gjort om dagen, og slå det så tilsammen,
at det bliver som en ægsuppe, sæt det på ilden udi en ube-
nyttet potte. Rør vel omkring den stund, det står på ilden,
indtil det vil koge, tag det fra ilden og lad ham drikke

deraf. Gør det hver morgen en tid lang, så bliver den syge
karsk igen.”

“At skyde en bøsse af, som er forgjort: Tag hugorme-
skind og noget menneskeskarn og stød det sammen og
kom i bøssen og skyd den så af.”

Kilde: Rokkedrejerbogen. Udgivet ved Peter Riismøller. Wormianum 1972.

Aalborg-Hadsund Jernbanen

De fleste af os husker endnu Aalborg-Hadsund Jernba-
nen, der blev nedlagt i 1969. Flere af jernbanens bygnin-
ger er bevaret, og det meste af strækningen er i dag en
populær cykelsti. I syv årtier forbandt togdriften vore
gamle kommuner med Aalborg, men det var en langsom
form for samfærdsel. Sporene slog nemlig nogle vældige
sving, og det havde sin egen specielle forklaring. Om
dette og meget mere kan vi læse i den kendte afholds-
mand Claus Johannsens erindringer fra 1928.

“Tanken om nævnte banes anlæg udkastede jeg ved en
af Våbenbrødrene afholdt festlighed i 1874, hvor jeg efter
indbydelse var kommet til stede. Tanken vandt god til-
slutning, men der medgik dog 26 år, inden dens gennem-
førelse var tilendebragt.

Endelig efter 26 års arbejde for gennemførelse af an-
lægget af Aalborg-Hadsund Jernbane, var det nået så vidt,
at driften forventedes at kunne åbnes 1. december; at om-
tale de mange besværligheder, der ved dette har været at
kæmpe mod på forskellige måder, vil føre alt for vidt.
Talrige rejser til møder og disse ofte endte resultatløst,
hvad forhandlingerne angik, det krævede en udholdenhed,
der ikke sjældent glippede.

På en af rejserne, som jeg foretog i forening med d'hr. Hvass, Randrup, og Brønnum, Gudumlund, til Skelund en streng frostdag, hvor vejene var tilføget på mange strækninger, red jeg fra Randrup og hjemefter, og da jeg et stykke syd for Dollerup, efter at være kommet op af dalen og ud af den deri liggende snekastning, ville forcere farten, skete det, at min hest kastede i skoen; den slog en kolbøtte, og jeg blev heldigvis derved med megen kraft kastet langt forud, så jeg skurede mit ansigt hen ad vejbanen, som var frossen. Var jeg ikke blevet kastet så langt forud, ville jeg være kommet under dyret. Nogen tid lå hesten og jeg og så til hinanden, og da vi ikke havde lidt brud på lemmerne, kunne vi forsøge at fortsætte rejsen; at den i dette føre og strenge frost, med bidende modvind og blødende ansigt, blev en forfærdelig drøj tur, var jo selvfølgeligt. I mange dage derefter måtte jeg holde sengen, og lang tid gik der, inden jeg turde vove mig ud. Et synligt mærke bærer jeg endnu af ulykken.

Af de uoverensstemmelser, der særlig gjorde sig gældende, var jo banens retning på flere strækninger. Vi var således et mindretal i kommissionen, der ville have den lagt om ad Smidie, men vi fandt ikke den nødvendige forståelse deraf hos det stedlige sogneråd. Senere kom det alligevel til at gå op for beboerne, at det ville være den heldigste linje, den i så fald havde fået.

En lille redegørelse vil jeg tillade mig her offentligt at give, foranlediget af den opfattelse, som jeg ikke så sjældent har hørt gjort gældende, at det var min indflydelse ved anlægget, at den blev svunget om ad Vårst og stationen lagt lige ved min dør. Nej! Jeg har aldrig ytret noget ønske i så henseende; det eneste ønske, jeg havde stillet, var det, at navnet på stationen her blev malet med et dobbelt W; dette blev som bekendt imødekommet.

Min første plan var den, at lægge linjen fra Komdrup til Gudumlund, og der blive station, da det punkt var det nærmeste for hele Mou Kommune. Fra Gudumlund ad Gudum, station der, og ad kæret mellem Skovstrup og Lillevorde til Gistrup.

Når den nuværende uheldige svingning ad Storvorde måtte tages, var det jo for at tilvejebringe den fornødne anlægskapital, ligesom svinget til Vårst blev krævet for at få den store kommunes garanti. Lad mig så samtidig udtale, at jeg aldrig under forhandlingerne vedrørende baneanlægget nogensinde sporede, at hensynet til personlige fordele gjorde sig gældende.

Efter at kommissionen havde udstukket vejen fra Gudum til Vårst, mødte jeg fra beboerne i Gudum en ganske uventet modstand, men denne vanskelighed blev overvundet, og heldigvis indses det nu af alle, hvilken betydning vejen har, ikke mindst for Gudum By og samfærdsel i det hele taget.

I mødet 6. november 1900, i hvilket det ved slutningen forhandledes om festlighederne i anledning af banens åbning 1. december, findes forhandlingsprotokollen tilført følgende:

Gårdejer Claus Johannsen, Vårst, der under forhandlingen angående den forestående fest i anledning af banens åbning fremkom med henstilling om, at der ved denne lejlighed ikke serveredes berusende drikke, uden at denne henstilling fandt tilstrækkelig tilslutning hos bevillingshaveren, måtte bede sig fritaget for noget ansvar i anledning af denne udgift, der vil medgå til berusende drikke og hvad brugen deraf i øvrigt vil medføre ved denne lejlighed .---

Efter at jeg som medkoncessionshaver havde afleveret banen til bestyrelsen, blev jeg af Finansministeriet udnævnt til medlem af repræsentantskabet. Efter at stiftamtmand Brun i flere år havde været formand i repræsentantskabet, blev jeg efter hans død dettes formand. Denne plads beklædte jeg så indtil 1923, da jeg undslog mig på grund af min alder for at modtage genvalg.

I de første 14 år fra 1900 til krigens udbrud var der ikke alene balance i det væsentlige, men det vedtægtsmæssige bidrag til en reservefond henlagdes. Desuden blev materiellet forbedret, hele banestrækningen blev forsynet med nye sveller, stationsbygningerne blev udvidede og forbedrede, og enkelte år kunne der udbetales en lille rente af anlægskapitalen.

Men så kom den ulykkesbringende krig, der medførte formindskede indtægter og stærkt forøgede udgifter på forskellige måder. Gælden voksede og er større end reservebeholdningen.

Jeg tillod mig straks, da jeg indså de indtrufne vanskeligheder, at henstille til den ærede direktion og repræsentantskabet at begrænse udgifterne ved at gå over til en tretogsdrift, idet jeg begrundede mit forslag med, at trafikken desværre ikke var større, end at den derved kunne begrænses. Uagtet jeg gentagende så indtrængende som muligt gentog mit forslag, blev det ikke muligt at vinde flertal derfor.---

Endelig omsider blev forholdene så ugunstige for balancen, at det besluttedes at gå over til tretogsdrift."

Som supplement til Claus Johannsens beretning vil vi bringe nogle få oplysninger fra jernbanehistorikeren Niels Jensens lille bog om de Nordjyske Jernbaner, der udkom i 1976.

Da banen blev anlagt, var udgifterne kalkuleret til 1.650.000 kr., men prisen blev i stedet for 2.195.800 kr. Beløbet blev fremskaffet som aktiekapital. Staten tegnede sig for 50 % af aktierne, kommunerne for 48,2 %, og private for 1,8 %.

I de første fire måneder gav banen et driftsoverskud på over 8000 kr., så det kunne jo nok tegne til efterhånden at blive en rimelig forretning, men de af Claus Johannsen omtalte underskud fra tiden under 1. verdenskrig blev et vedvarende problem. Omkring 1950 var det årlige driftsunderskud steget til næsten 500.000 kr., og i det sidste driftsår, da banen blev nedlagt, nærmede man sig 1,4 millioner kr.

Nu kan man naturligvis stille spørgsmålstegn ved, om de nævnte beløb var urimeligt store, og om de var den egentlige forklaring på, at driften blev indstillet. Uden nærmere at begrunde det, kommer Niels Jensen i alt fald med følgende hårde udtalelse: "Nedlægningen af Aalborg-Hadsund Jernbane og de to andre Aalborgbaner var i øvrigt et eksempel på, hvorledes førende kommunalpolitikere hyppede helt private kartofler."

*

Vi har hørt, at der blev festet ved Aalborg-Hadsund Jernbanens indvielse i år 1900, men det var nu ikke så meget, at det kunne give anledning til spalteplads i Aalborg Stiftstidende. Det var derimod tilfældet, da den blev nedlagt i 1969.

Togene kørte sidste gang mandag den 31. marts, men der er sikkert flere, der husker begivenhederne søndag den 30. marts, da Aalborg Stiftstidende arrangerede et særtog fra Aalborg til Hadsund og retur igen. Adskillige af passagererne var iklædt tøj fra århundredskiftet, så de passede til de gamle trævogne, der kørte turen denne dag.

Lad os give et par små referater af Stiftstidendes egen beskrivelse af turen: "Det var ikke vejrets skyld, at turen blev en succes. Rigtigt surt martsvejr uden ret mange forårstegn tvang paraplyerne frem og trak regnstriber ned ad de gamle togvognes vinduer. Men trods regn og kulde var der mange mennesker på stationerne. --- De "civilt" klædte var i overtal, men opfordringen til udklædning var dog

99

blevet modtaget af mange, således at folkelivet på perronen blev endnu mere broget end sædvanligt.

Langs hele banen stod vinkende mennesker, som ville tage afsked med Hadsund-Peter, og på stationerne var modtagelseskomiteer mødt op. De fleste steder kørte toget langsomt forbi, medens jazzorkestret Gabadela fra Aalborg gav et nummer for fuld udblæsning på en stormomsust bagperron.

I Kongerslev takkede sognerådsformand Kåre Schmit stille for arrangementet og understregede, at hans kommune stædigt har holdt på, at banen ikke skulle nedlægges."

Kilder: Claus Johannsen: Erindringer fra et langt liv. København 1928.
Niels Jensen: Nordjyske jernbaner. København 1976.
Aalborg Stiftstidende d. 31/3-1969.

Prinsesse Dagmar

Jeg husker en dag i sidste halvdel af 1950'erne, da jeg var en halv snes år gammel. Jeg var sendt i brugsen for at hente varer, da en af mine kammerater lettere stakåndet kom ind, trak mig i ærmet og sagde: "Har du set, at hofjægermesterinden sidder i bilen ude på parkeringspladsen."

Så var det bare med at få betalt varerne ved kassen for at komme ud på parkeringspladsen. Og der sad hun så, mutters alene på passagersædet i deres lille sorte bil. Som hun sad der pakket ind i et tæppe fra top til tå, lignede hun en lille sart blomst, der nu var gammel og visnet. Nå, så hofjægermesterinden sådan ud!

Hofjægermesteren så vi så tit, når han kom rullende i sin lille bil, men med hofjægermesterinden var det noget helt andet. Ikke fordi hun på nogen måde havde ord for at være en storsnudet godsejerfrue, men i det hjem var det hofjægermesteren, der var den udfarende kraft.

Hun var ellers nok så spændende - en ægte prinsesse. Hun, der var født prinsesse Dagmar, var datter af kong Frederik den Ottende og dronning Louise. Hun var både lillesøster til kong Christian den Tiende og til kong Haakon af Norge. Da hun blev født, gik storebror Christian på officersskole, og det siges, at han havde lovet sine venner champagne, hvis det blev en bror. Nu blev det jo imidlertid en pige, og så måtte vennerne nøjes med chokolade.

Som voksen blev prinsessen gift med Jørgen Castenskiold, der var løjtnant ved Livgarden. Det unge ægtepar slog sig ned på herregården Kongstedlund ved Kongerslev, og der blev de boende resten af ægteskabet. Skønt boende noget afsides blev prinsessen aldrig glemt af sin familie. Der var adskillige gange kongeligt besøg på Kongstedlund, men det gik temmelig upåagtet hen i Kongerslev, for det skete jo altid uofficielt som almindelige familiebesøg, og så opdagede befolkningen det først bagefter.

Da prinsesse Dagmar døde i oktober 1961, erklærede både det danske og norske kongehus straks hofsorg i 14 dage. Det var naturligt nok, da kong Frederik og kong Olav var hendes nevøer. Hofsorgen plantede sig vist ikke videre til Kongerslev, i alt fald ikke når jeg ser tilbage på begivenhederne med barnets øjne. Stemningen var snarere den, at nu ville byen få kongeligt besøg og dermed blive centrum for alles øjne.

I et avisreferat fra bisættelsen kan man læse følgende: "En hel egn var i sorg, da hofjægermesterinde Castenskiold, født prinsesse Dagmar, i eftermiddags blev bisat fra Sdr. Kongerslev Kirke." Det passer bare ikke. Familien og vennerne sørgede selvfølgelig, således som det er tilfældet ved enhver begravelse, men det store fremmøde var ikke et tegn på sorg. De fleste af os kendte hende jo kun af udseende. Det er rigtigt, at folk stod som sild i en tønde på vej op mod kirken og på selve kirkegården, men det var ikke for at give den gamle prinsesse et sidste farvel.

Folk mødte op for på nært hold at se kong Frederik og dronning Ingrid samt kong Olav af Norge. Aviserne havde jo gjort et stort nummer ud af det kongelige besøg i de foregående dage, hvor man blandt de mange overskrifter f.eks. kunne læse: "To konger tager til Kongerslev."

Foruden de to konger og dronning Ingrid deltog også arveprins Knud og arveprinsesse Caroline Mathilde samt deres børn prinsesse Elisabeth og prins Ingolf i bisættelsen. Desuden var der flere andre prinser og prinsesser og en lang række af Nordjyllands honoratiores. Der var ikke plads til egnens egne beboere i kirken, som menighedsrådet havde ladet smykke med røde og hvide nelliker, men der var stillet højttalere ud på kirkegården, så man kunne følge med i begivenhederne.

Hovedtalen i kirken blev holdt af biskop Erik Jensen, men sognets egen præst, Poul Henning Jørgensen, forrettede jordpåkastelsen, og her kunne han bl.a. meddele, at menighedsrådet havde taget initiativ til, at der skulle ophænges en mindeplade på væggen ved det sted, hvor hofjægermesterinden havde sin vante plads.

Det var kun bisættelsen, der fandt sted i Kongerslev Kirke. Det var nemlig blevet bestemt ved hoffet, at kisten skulle stå i krypten under Christian den Niendes kapel i Roskilde Domkirke. Dertil blev kisten ført den næste dag under ledsagelse af sognepræsten og den nærmeste familie. Indtil denne sidste færd blev kisten stående i Kongerslev Kirke, hvor der blev stået æresvagt natten igennem. Det gik på skift mellem menighedsrådets medlemmer, borgerforeningens bestyrelse og lokale hjemmeværnsfolk. Kransene fra kongehusene og den nærmeste familie gjorde turen med til Roskilde. Resten blev fordelt på gravene på Kongerslev Kirkegård. Nogle af de smukkeste blev dog reserveret til en mangeårig medarbejder på Kongstedlund, der skulle begraves samme dag.

Hofjægermester Castenskiold, der nu også er død, forlod Kongstedlund nogle få år senere. Den nye ejer, godsejer Horsens, lod straks udføre et omfattende restaureringsarbejde. Selv om der ikke mere bor en prinsesse på slottet, er det altså nok en omvej værd at gøre en afstikker forbi Kongstedlund.

Cementfabrikkernes Mosebrug

Under Besættelsen var der en overgang, da produktionen var på sit højeste, beskæftiget ca. 1000 tørvearbejdere på Cementfabrikkernes Mosebrug. Deres livsforhold er en historie i sig selv, men i denne artikel vil vi nu ikke komme ind på hverken indkvartering, sortbørshandel, hasardspil eller andre af de forhold, som gjorde det til egnens mest specielle arbejdsplads. Vi vil begrænse os til at give en omtale af selve produktionen og de dermed forbundne vanskeligheder.

Til cementfremstilling kræves der kul i store mængder. Under 1. Verdenskrig havde cementfabrikkerne i Aalborg haft store vanskeligheder med at få det fornødne kvantum, da det skulle importeres fra de krigsførende lande. I den betrængte situation fandt man ud af, at tørv kunne være en acceptabel alternativ energikilde, og der var jo ikke langt fra Lille Vildmose til Aalborg.

Det var store mængder, der skulle graves, men cementfabrikkerne gik i gang med produktionen, og det skete ikke kun ved håndkraft. Der blev også indkøbt en stor svensk tørvemaskine, som kunne fremstille omkring 15.000 t tørv på en sæson, hvis ellers vejret artede sig normalt.

Da forholdene på kulmarkedet atter var blevet normale, kunne det imidlertid ikke mere betale sig for cementfabrikkerne at bruge den hjemlige energikilde. Mosebruget fortsatte dog tørveproduktionen i mellemkrigstiden, men det var i et betydeligt mindre omfang, idet tørvene nu fortrinsvis blev solgt som brændsel til egnens beboere. I slutningen af 1930'rne blev der kun produceret omkring 8000 t tørv pr. sæson.

Da 2. Verdenskrig brød ud i 1939, kunne cementfabrikkerne igen forvente en vanskelig brændselssituation, og man henvendte sig derfor til moderfirmaet, F.L. Smidth & Co., for at få konstrueret og udført en række nye maskiner. Nu skulle fremstillingsprocesserne for alvor industrialiseres, da det ellers ikke ville være muligt at producere de nødvendige mængder.

F.L. Smidth fremstillede tre store maskiner i stil med den gamle svenske. Disse maskiner både opgravede, æltede, afskar og lagde tørvene ud på læggepladsen til tørring. Tørringsprocessen var imidlertid et fordyrende element. Solen og vinden var selvfølgelig gratis, men på grund af tørvenes tykkelse var det nødvendigt at vende dem, og det kunne kun ske ved håndkraft.

Dette manuelle arbejde kunne undgås ved smuldproduktion. Her var der ganske vist et langt større forarbejde med hensyn til planering og afvanding af mosen, men herefter kunne selve produktionen foregå udelukkende ved maskinkraft.

Traktorer med fræsemaskiner skar tørvemassen fri i en dybde af 10-15 mm, således at den kom til at ligge i et tyndt lag på overfladen. På denne måde varede tørringsprocessen kun nogle få timer. Traktorer med store skovle skubbede det tørrede smuld sammen i store bunker. Herefter blev det stakket, også ved maskinkraft, og så var der ellers kun transporten tilbage, idet det direkte kunne bruges til indfyring i cementfabrikkernes roterovne, når det blev sammenblandet ned kul.

Smuldfremstillingen krævede et stort areal i forhold til den almindelige tørvegravning. Derfor fortsatte man også med det sidste krigen igennem. Da produktionen var på sit højeste, nåede den op på ca. 100.000 t pr. år. Dette kunne dække hele kraftbehovet og en del af fyringsbehovet ude på Rørdal.

F.L. Smidth havde for øvrigt stort besvær med at skaffe de nødvendige traktorer. Allerede i februar 1940 blev der bestilt 15 hos Ford i England, og det var planen, at de skulle leveres til Mosebruget sidst i marts, efter at F.L. Smidths maskinfabrik havde sørget for de fornødne ombygninger. Sådan gik det bare ikke. De var endnu ikke kommet den 9. april, da vi var blevet besat af tyskerne, og man måtte derfor se sig om efter andre leverandører.

Det lykkedes virkelig efter en ihærdig søgen at finde 15 traktorer hos forskellige danske forhandlere, selv om de fleste var brugte. Det var simpelthen et af tidens vilkår, at man ikke kunne stille krav om bestemte varer af en bestemt kvalitet.

Benzinen blev rationeret i sommeren 1940, og dette kunne i givet fald have betydet en temmelig katastrofal situation, hvis man ikke også her havde kunnet skaffe alternative energikilder. Der blev konstrueret tørvegasgeneratorer til de lastbiler, der transporterede tørvene til Aalborg, men denne fremdriftsmetode var ikke velegnet til de lokomotiver og traktorer, der arbejdede direkte ude i den brandfarlige mose.

Her var man til gengæld i den heldige situation, at Aalborg Portland i 1939 var begyndt at foretage prøveboringer efter naturgasforekomster i Frederikshavn-området, og her blev der fundet gas i så store mængder, at man gik i gang med en rationel udvinding.

Gassen blev for størstedelens vedkommende solgt lokalt gennem et ledningsnet, men leveret på stålflasker kunne den også erstatte benzin og dieselolie. Der blev bl.a. solgt flaskegas til nogle hundrede nordjyske last- og rutebiler.

F.L. Smidth fik til opgave at indkøbe 400 gasflasker til mosebrugets drift. Dette var en stor mængde, som det da også kun lykkedes at skaffe efter meget besvær, men man kunne ikke nøjes med mindre, hvis driften skulle være konstant.

Jo, uden tørvefremstillingen i Lille Vildmose havde der ikke kunnet fremstilles ret meget cement under Besættelsen.

Batteri Morten i Egense

Vi ved alle, at der var store sociale forskelle ude på landet i det 19. århundrede. Livet formede sig ikke ens for daglejeren, husmanden og gårdmændene. Det var først og fremmest de sidste, der som sognerådsmedlemmer kom til at styre vore kommuner, og da de kommunale forhandlingsprotokoller er det vigtigste kildemateriale til vor lokalhistorie, når det drejer sig om sidste halvdel af det 19. århundrede, er det også især gårdmændenes historie og deres syn på forholdene, der har domineret de senere fremstillinger.

Derfor er det forfriskende at støde på følgende lille notits om en flittig husmand: "Landboforeningen begyndte nu dengang (ca. 1871) at uddele præmie for veldrevne husmandsbrug. I forening med kammerråd Toft, Louisendal, rejste jeg omkring og så på nogle af disse. Et af dem, som særlig optog vores opmærksomhed, var Batteri Mortens. Dette brug var beliggende på pynten syd for Limfjorden, lige ved dens udløb i Kattegat. Den gamle mand dyrkede ca. 4 tdr. land med spade og rive, agrene var som høvlede, gødningen kørte han ud på sin trillebør, kornet hjem på sin kærbør. Igennem mange års brug var hans spade slidt i skaftet, således at der sad dybe spor af hans højre hånd, og på enden af skaftet havde venstre hånd slidt sig ind."

Kilde: Claus Johannsen: Erindringer fra et langt liv. København 1928. Side 32.

En købekontrakt fra Nr. Kongerslev

Den i dette stykke citerede købekontrakt fra 1895 er interessant af to grunde. Den daterer for det første oprettelsen af et fælles vandværk i Nr. Kongerslev, og for det andet ligner den noget, vi i moderne sprogbrug ville betegne som økonomisk kriminalitet. Vandværket skal betale 500 kr. for et stykke jord, der i dag ville svare til en halv byggegrund.

I 1895 var 500 kr. mange penge. Det lyder simpelthen urimeligt, at det skulle være markedsprisen i Nr. Kongerslev, da det svarer til 8000 kr. pr. td. hartkorn. Hvad kan forklaringen være?

Vi kan straks sige, at det ikke er en trykfejl, da det samme beløb optræder i skødet. Skyldes beløbets størrelse, at sælgeren samtidig har givet andre ydelser, som ikke omtales i købekontrakten, eller er det sælgeren og vandværkets bestyrelse, der i fællesskab snyder de andre medlemmer?

"Underskrevne gårdejer Niels Peter Jensen kaldet Rise af Nørre Kongerslev sælger herved til interessentskabet for anlægget og driften af et vandværk i Nørre Kongerslev et stykke jord af ca. ½ skæppe lands størrelse af den mig tilhørende ejendom matr. nr. 18a af Nørre Kongerslev.

Jordstykket er påvist bestyrelsen for interessentskabet, og dette har allerede taget det i besiddelse og brug for derpå at anlægge et vandbassin med tilhørende brønd og vindmotor, og det er en selvfølge, at jeg ikke ved plantning eller på anden måde må forhindre brugen af vindmotoren.

Skatter og afgifter af det solgte jordstykke udredes af interessentskabet fra skødets udstedelse at regne, og jeg er forpligtet til at skaffe det solgte jordstykke ud af pantet for prioritetsbehæftelserne.

Skønt den solgte plads er betegnet med hensyn til størrelse som ca. ½ skæppe land, bemærkes det dog udtrykkelig, at der er solgt en så stor plads, som er nødvendig til vandværkets anlæg og vedligeholdelse deraf.

Jeg skal tåle kørsel og fart af rette vedkommende over min ejendom på det sted, jeg anviser, fra møllevejen eller fra Nørre Kongerslev vejen og så vidt muligt i en ret linje ikke alene under anlægget af vandværket, men også senere når vedligeholdelse eller reparationsarbejder udkræver sådant, ligesom jeg også skal tåle, at den, der passer værket, samt bestyrelsen har stadig adgang til vandværket ved en sti over min mark, som jeg dog forbeholder mig at udvise hvert år, så vidt muligt i lige linje fra en af de ovennævnte veje,

Hvis der tilføjes afgrøder på min ejendom skade ved den her omhandlede færdsel, skal jeg derfor nyde erstatning af interessentskabet, hver gang skade sker, hvilken erstatning i mangel af mindelig overenskomst skal fastsættes af de i lov om mark og vejfred af 25. marts 1872 ommeldte vurderingsmænd.

Jeg skal besørge det solgte jordstykke fraskilt min øvrige ejendom og bærer alene omkostningerne herved og ved dokumenternes oprettelse og tinglysning.

Købesummen er bestemt til 500 kr., der betales kontant og hæderligt i 11. juni termin dette år, hvorefter skøde udstedes.

Jeg Thyge Thygesen af Nørre Kongerslev, der er formand for ovennævnte interessentskabs bestyrelse, indgår herved på foranstående kontrakt som forpligtende for selskabet.

I tilfælde af søgsmål gælder hurtig retsforfølgning efter loven af 25. januar 1828."

Bispevisitatser i Gudum-Lillevorde-Sejlflod Pastorat

I forrige århundrede blev skolelærernes arbejde og børnenes skolegang af og til kontrolleret af stiftets biskop. I en gammel embedsprotokol for skolelæreren i Lillevorde kan vi se, at bispevisitatserne dog kun blev foretaget med års mellemrum. Hvis vi betragter Gudum- Lillevorde Pastorat, hvor Sejlflod også hørte med i perioden 1825-93, kan vi konstatere bispevisitatser i årene 1858, 1860, 1866, 1870, 1874,1880 og 1886.

Da der var flere skoler i pastoratet, måtte en bispevisitats nødvendigvis foregå over flere dage. I 1870 foregik visitatsen efter følgende skema:

Tirsdag den 14. juni kl. 3 eftermiddag i Gudum Skole. Onsdag den 15. juni kl. 9 i Gudum Kirke. Kl. 12 var der konferering af ministerialbøgerne.

Torsdag den 16. juni kl. 9 formiddag på Fabriksskolen; kl. 3 eftermiddag i Gudumlund Skole.

Fredag den 17. juni kl. 9 formiddag i Lillevorde Skole; kl. 3 eftermiddag i Sejlflod Skole.

Visitatserne i alle skolerne skulle gå efter følgende mønster, som på forhånd blev tilskrevet læreren: "Med hensyn til visitatserne i skolerne bemærkes: yngste klasses børn må være ordnede på deres pladser, medens de ældre børn opholder sig i nærheden. De skriftlige arbejder ønskes fremlagte, samlede og ordnede tillige med skolejournalen og en fortegnelse dels over børnene med tilføjelse af lærerens dom over deres evner og flid, samt angivelse af det sidste års forsømmelser ---, dels over det som i samme tidsrum er gennemgået med angivelse af de benyttede lære- og læsebøger. Børnene af ældste klasse må være forsynede med tavler og grifler. Til konferering medbringes samtlige, ældre og yngre, i Deres (lærerens) værge værende ministerialbøger, såvel som de øvrige embedsbøger med undtagelse af journalen, som af Dem føres.

I 1874 modtog læreren nøjagtig den samme skrivelse, men i 1880 var der lavet noget om på programmet. Nu kunne biskoppen nemlig klare alle fem skoler på to dage. Den første dag visiterede han i Gudumlund Skole og Gudum Skole, og den anden dag i Fabriksskolen, Lillevorde Skole og Sejlflod Skole. Det tør nok siges at være et presset program, når han skulle være kl. 2 i Lillevorde og allerede kl. 4 i Sejlflod. De enkelte visitatser dette år kan altså næppe have varet mere end en times tid.

Til forskel fra tidligere ønskede biskoppen imidlertid også kun, at den ældste klasse skulle møde frem; men til gengæld var der en anden tilføjelse i brevet til lærerne: "Det vil være biskoppen kært i skolerne at kunne mødes med nogle af sognerådets medlemmer." Sognerådsmedlemmerne er utvivlsomt mødt frem. Hvem af de gode gårdmænd turde sidde biskoppens ønske overhørigt?

Nogen større samtale har det sikkert ikke udviklet sig til. Mon ikke det slet og ret har begrænset sig til, at biskoppen har sagt nogle formanende ord, hvor han har betonet, at forsømmelser ikke kunne tolereres, og at det ville være ønskeligt, om der blev ofret noget mere på undervisningen, medens sognerådsmedlemmerne nikkede andægtigt.

I 1886 var biskoppen blevet mere magelig. Da startede visitatserne en mandag kl. 4 om eftermiddagen i Gudum Skole, og her skulle samtidig børnene fra Gudumlund Skole møde op. Om tirsdagen holdt han visitats i Gudum Kirke, og her skulle samtlige pastoratets konfirmander fra det foregående år møde op til katekisation. Dette punkt på programmet har ikke været nævnt ved de foregående visitatser. Lærerne fra Gudum, Lillevorde og Sejlflod skulle også møde op, da biskoppen umiddelbart efter ville se de af dem førte kirkebøger.

Om onsdagen startede visitatserne i Lillevorde Skole kl. 8 om morgenen med skolens egne børn. Kl. 11 skulle læreren fra Sejlflod møde op med sine elever. Kl. 4 om eftermiddagen skulle Fabriksskolens børn møde op i Gudum Skole. Ved disse skolevisitatser ønskede biskoppen lige som sidste gang at mødes med nogle af sognerådets medlemmer, og denne gang var desuden tilføjet børnenes forældre.

Jo, biskoppen må sandelig have haft nogle travle dage. Når man læser om dette hastige besøg i det store pastorat nu godt og vel hundrede år senere, får man umiddelbart det indtryk, at det hele var en stor parodi; at det hele blot var noget, der hurtigt skulle overstås på den mest bekvemme måde, fordi det nu engang hørte med til de biskoppelige pligter.

Protokollen, hvor disse oplysninger er hentet, fortsætter til 1900, men der nævnes ikke flere bispevisitatser.

Esbern Nielsen fra Storvorde

I de større danmarkshistoriske værker er der ikke ret meget fra Sejlflod Kommune, som har vundet nåde for historikernes øjne. Vi kan være heldige at støde på Gudumlunds Fabrikker, men ikke mere end som en fornærmende kort petitesse. Derimod kan vi altid være sikre på at møde navnet Esbern Nielsen fra Storvorde. Dette er en ren proportionsforvrængning.

Esbern Nielsen, som måske endda slet ikke hed Esbern men Jesper, er kun blevet kendt, fordi han tilfældigvis fangede og udleverede den sårede bondeoprørsleder Skipper Klement til Christian 2.'s feltherre Johan Rantzau. Som belønning modtog han senere en selvejergård "befriet for al kongelig tynge i hans livstid". Ingen ved, hvor denne gård var beliggende i Storvorde, og at ville stedfæste dens jordtilliggende i dag kan ikke lade sig gøre. Vi kan kun sige, at Esbern Nielsens jord sandsynligvis har været spredt ud over hele Storvorde.

Alt, hvad vi ved om Esbern Nielsen, er stort set denne ene bedrift. Ja, det er nu ikke alle historikere, der kalder det for en bedrift. Palle Lauring kalder ham for en stikker, og Peter Riismøller siger i "Bogen om Himmerland", at man skal glemme hans navn. At der ligger følelser bag disse udtalelser er klart nok. I det Aalborg, som Skipper Klement var flygtet fra, var hans hær, der bestod af nordjyske bønder, bogstaveligt talt blevet slagtet af Johan Rantzaus tropper i et forfærdeligt blodbad. Man mener, at et par tusinde bønder og borgere blev dræbt.

Ganske kort var forhistorien den, at Christian 2. var kommet på kant med adelen. Denne hyldede så i stedet for Frederik 1. som konge i 1523, og Christian 2. flygtede til udlandet. Da Frederik 1. døde i 1533, ville bisperne ikke være med til at hylde hans søn Christian som konge, da han var lutheraner. De bøjede sig først, da andre kredse greb til våben for at få genindsat Christian 2., der havde siddet som fange på Sønderborg Slot siden 1532. Skipper Klement, som havde været trofast mod den fangne konge, påtog sig i 1534 opgaven at rejse et bondeoprør i Nordjylland mod adelen og Christian 3.

Adskillige nordjyske herregårde gik op i røg i løbet af efteråret 1534. Vi kan f.eks. nævne Klarupgaard og Lindenborg. Nu havde bønderne selvfølgelig muligheden for at få gjort op med forhadte herremænd, men hos Skipper Klement var der heller ingen pardon at hente. For ham gjaldt parolen, at den, der ikke var med ham, var imod ham. Som han kom frem med sin hær, turde bønderne derfor ikke andet end at lyde hans bud. For dem var det komplet underordnet, om kongen hed Christian 2. eller Christian 3.

Om grunden, til at Esbern Nielsen overhovedet kunne fange den flygtede leder, skriver Svend Cedergreen Bech da også meget rammende i Politikens Danmarks Historie: "Når den nordjyske frihedshelt ikke slap bort og ikke søgte at fortsætte sin flugt, har man måske lov til at slutte, at mange af bønderne har følt hans herredømme som et nyt voldsregime. Om en virkelig samlet flok som i senere frihedskampe har der ikke været tale. Bønderne har bøjet sig for det uundgåelige, har sluttet sig til den der i øjeblikket havde magten."

Efter denne tankegang var Esbern Nielsen ikke en stikker. Kampen i Aalborg havde vist, hvem der ville vinde Nordjylland, og så kunne han ligeså godt redde sig en belønning. Egentlig kan Skipper Klement vel heller ikke selv have følt sig særlig vellidt blandt befolkningen, idet han nemlig skulle have opholdt sig i sit skjulested i Storvorde "under en stor sten" i længere tid. Hvorfor søgte han som såret ikke hjælp hos lokalbefolkningen?

Endelig må man spørge om, hvorfor Skipper Klement netop søgte til Storvorde. Hvis det blot havde været hans hensigt at skjule sig, ville det have været klogere at søge længere ind i landet til et større skovområde. Skipper Klement var virkelig skipper, og det kan derfor være troligt, at han ventede sejlende forstærkning. I så fald ville Storvorde være et udmærket sted at holde udkig.

I Aalborg er der rejst en statue af Skipper Klement, og i Storvorde har han fået en vej opkaldt efter sig. Begge dele er sikkert rimeligt nok, da han var en person, som har sat sit præg på den historiske udvikling. Den slags æresbevisninger er ikke overgået vor lokale Esbern Nielsen, og hvorfor skulle han også have denne hyldest? Hans handling var ikke med til at præge den historiske udvikling. Da han fangede skipperen, havde denne allerede udspillet sin rolle, og oprørets dage var talte også i det øvrige Danmark.

Men Esbern Nielsen fik sin gård, og han nævnes stadig i historiebøgerne, skønt der er gået næsten 500 år. Det var ikke sket, hvis han havde holdt sig hjemme ved ildstedet den dag i december 1534.

En smuk naturskildring

A. C. Ertbøll-Nielsen skrev for en menneskealder siden bogen "Skydrift", der bl.a. indeholder en poetisk beskrivelse af den østhimmerlandske natur. Vi vil i det følgende bringe et uddrag, hvor han beskriver den næsten uberørte vildmose:

Lav og jævn som havfladen, øde og tom og mørk som en midtjysk hede, udhuler den landskabet lige fra de frugtbare højlandsvange nær Als og Mariagerfjord til op imod Limfjorden. Her i syd løber den vel ud i store marker og kær, hvorpå pletvis nogle små skovgrupper højner sig, men nord efter er der milelangt og milebredt ægte mose: tuer ved tuer, klædte og kantede med lyng, pors, kæruld, star og siv, og med vandpytter og dybe render imellem - en næsten ukendt, lodden uendelighed, vildsom og farlig for folk og fæ, men et dejligt, vældigt enevoldsrige for alskens vilde smådyr, løbende, flyvende og krybende.

Tusinde år før egnen her omkring endnu havde nogen historie, var der - formoder man - en lavvandet fjord, hvor mosen nu breder sig. Den omstændighed, at der den dag i dag findes strandsand og saltvand under mosens dybe tørvejord, bestyrker formodningen, som vel for øvrigt nu er godkendt som ubestridelig. I denne fortids fjord lå fire små øer eller holme, ragende nogle få fod op over vandspejlet.

Så udtørredes fjorden lidt efter lidt. Og mosedannelsen begyndte. Mange århundreder gik. Moselagene højnede sig og højnede sig ved stadig ny tilvækst, fremkaldt ved vands og solvarmes forenede skaberkraft, - endnu lå dog de tørre holme lidt højere end mosen. Men endelig - langt om længe naturligvis - voksede denne dem over hovedet. Årrækkers sne og regn satte vand på deres overflade; der var ikke mere noget afløb, snarere tilløb, -- øerne blev søer. Og alt imens groede mosen bestandig videre opad.

For omtrent halvandet hundrede år siden blev så disse søer udtørrede ved et kanalanlæg. De fire fordums højdepunkter er nu fire tydelige, grønne lavninger.

Så underligt kan det vendes!

Da søerne var fuldstændig tørlagte, byggede ejeren af det daværende baroni Lindenborg, hvorunder Vildmosen hørte, en stor og anselig gård på en af søbundene. Den fik et tilliggende af over 9000 tønder land og blev sat til 30 tønder hartkorn. En forårsaften for hen ved et par snese år siden brændte den gamle Vildmosegaards svære bygninger; andre blev dog snart rejste i deres sted, og gården ligger endnu på sin oprindelige plads, lige så velbygget som før. Men lidet syner på afstand de anselige huse midt på den mørke moseflade og mellem de høje tuers hærskarer, og fuldt så livligt og betagende er skuet af engene rundt omkring gården, de fordums søer - og øer, hvor det ved sommertide vrimler med løsgående heste, kvæg og får - dels gårdens egen store kreaturbesætning, dels kostgængere af overflødige plage og unghøveder fra omlandet, der er tingede på græs herude for nogle måneder mellem vår og vinter.

Sommertiden under for resten også mosen selv en lille del af al den glans og skønhed, den omspreder. I maj og juni får den hele tomme flade en lysere farvetone af ungvæksten, som vælder frem; og senere hen, når lyngen tager til at blomstre, og kærulden folder sine hvide duske ud, bliver hver eneste gammel tue festlig smykket.

Først ved vestkanten af denne vilde grødes råderum har man dog rigtig fast grund under fødderne, først her begynder det egentlige, sognedelte jordbrugerland, som Kattegat omarmer med dets to nordligste fjorde. I et bredt, lidt bugtet bånd ses langs moseranden Viborg Stifts og Himmerlands østside.

Skovpartier øjnes her og der. På en strækning længst mod sønden tykkes hele den vestlige synsrand flosset og pudret af tætte trætoppes løv: skovene ad Solbjerg og Bælum til.

Stærkt bølget og bakket er landskabet nær og fjern. Thi mosen har udløbere, lange forgreninger, som i form af kær- og engdrag går ind i naboegnen. Mellem disse bugtninger fremkommer de større og mindre højdestrøg, der skyder sig frem fra det store, sammenhængende indland som hager og næs, eller - hvor de er helt afskårne fra dette - ligger som bakkeøer, såkaldte holme, i engfladerne.

Disse har i en forholdsvis sen tid endnu stået under vand mange steder. For ikke længere siden, end at gamle folk mindes det fra deres barndomsår, var der her og der sumpe, småsøer og bundløse pøle, hvor der nu er tør og dyrkelig grund.

Og ret god og frodig er egnens jordbund fra gammel tid af, fuldt bebygget og udnyttet tillige. I det muntre, indbyrdes samvær, det vist ligger nær for alle jyllands østlændere at tilvejebringe med hverandre, og uden en arbejdsmøje, der nogen tid ret kunne krøge og kue, har slægt fulgt på slægt - den ene talrigere på enkeltmedlemmer end den anden - så langt tilbage, som egnens historie kendes. Fremmelige og moderne var også alle dage disse østlige herreder i sammenligning med egnene længere mod vest. Nu har store dele af befolkningen tabt ethvert gammeljysk landbopræg - en følge af megen forbindelse med indvandrede udlændinge, købstadfolk og herregårdstjenerskab.

Havnesagen i Dokkedal

Vi har andre steder omtalt det lokale fiskeri både i Limfjorden og i Kattegat, men ingen af vore byer opnåede nogensinde at få en rigtig fiskerihavn, skønt spørgsmålet jo nok har været bragt på bane ved flere lejligheder. Mest ihærdigt blev der arbejdet med sagen i årene 1945-51.

Sidst på året 1945 indsendte 30 fiskere fra Dokkedal og Egense i fællesskab en anmodning til Landbrugs- og Fiskeriministeriet om at få økonomisk hjælp til at forbedre de eksisterende forhold, og argumenterne var gode:

"Nu under stormen den 9. november 1945 er alt ødelagt. Bådene er knust på stranden. Husene ved stranden for opbevaring af vore redskaber er ødelagt af søen og faldet sammen, så vi lider store tab. Havde her været en bro eller mole, kunne meget være reddet. Vi cirka 30 fiskere er så godt som uden erhverv."

I brevet blev der endvidere henvist til, at der i de senere år var flyttet mange arbejdere til Dokkedal, fordi de havde kunnet finde beskæftigelse ved tørvefremstilling ude i Lille Vildmose, men nu efter Besættelsens ophør var situationen blevet en helt anden. For dem ville fiskeriet også blive den eneste fremtidige mulighed.

Der kom ikke noget konkret ud af det pågældende brev, men i begyndelsen af 1946 nedsatte fiskerne et udvalg på 5 mand til at arbejde videre med sagen. Det var Thomas Sørensen, Harry Sørensen, Tage Søndergaard, Theodor Larsen og Karl Olsen. Samtidig blev det vedtaget at indkalde landstingsmand J. P. Ravn fra Hadsund til et møde. Han måtte vide, hvorledes et sådant projekt skulle gribes an. Hvis det skulle gennemføres, måtte det offentlige naturligvis give et klækkeligt tilskud.

Sognerådet i Mou Kommune havde en velvillig indstilling til fiskernes initiativ. Det gav et tilskud på 1000 kr. til de nødvendige bundundersøgelser, som skulle foretages af ingeniør Ramsing, København, der havde erfaring fra andre havneprojekter.

Efter at ingeniør Ramsing havde undersøgt bundforholdene, fik han til opgave at lave de nødvendige tegninger med tilhørende budget til en fiskerihavn. Tilsyneladende kastede han sig over opgaven med stor iver, selv om han ikke undlod at gøre havneudvalget opmærksom på, at det ville blive en særdeles kostbar affære, og at det var yderst tvivlsomt, om det ville være muligt at opnå tilskud.

Ingeniør Ramsing lavede to projekter, og havneudvalget bestemte sig for det dyreste, som blev anslået til ca. 890.000 kr. Det var mange penge, men hvis havnen kunne anlægges som beskæftigelsesarbejde, ville dette kombineret med andre muligheder for offentlige tilskud betyde, at fiskernes andel kunne holdes nede på 140.000 kr.

Landstingsmand Ravn arbejdede aktivt for sagen, og sognerådet havde også fortsat en positiv indstilling. Det bevilgede et tilskud på 120.000 kr. Befolkningen i Dokkedal og Egense havde tegnet sig for de resterende 20.000 kr. gennem frivillige bidrag. For at skaffe yderligere en smule arbejdskapital blev der desuden lavet et lotteri med 5000 numre, som skulle sælges for en krone stykket. Gevinsterne var 1 radio, 2 cykler, 1 lysekrone, 1 klubstol og 1 strygejern. Her lå de lokale penge dog dybere i lommen end forventet, idet der kun blev solgt 2073 numre.

Da havneudvalget havde fået tilsagn om de penge, som ville komme til at udgøre den lokale andel, rettede man en ny henvendelse til ingeniør Ramsing for at få ham til at formulere og indsende de nødvendige andragender. I denne anledning kunne man bl.a. meddele ham de statistiske oplysninger om de sidste syv års fiskeri, som er vist i tabellen.

	Antal fiskere		Fartøjernes værdi	Redskabernes værdi	Fangstens vægt	Fangstens værdi
	E.	L.	Kr.	Kr.	Kg	Kr.
1940	28	4	17.400	58.800	112.072	68.556
1941	28	4	22.700	63.800	156.375	138.179
1942	18	20	25.190	34.500	107.629	84.555
1943	18	25	36.000	26.600	89.091	69.179
1944	18	25	36.800	26.700	108.994	90.516
1945	19	25	36.500	28.820		102.820
1946	19	30	55.000	35.000		62.720
						616.525

E = Erhvervsfiskere
L = Lejlighedsfiskere

Havneudvalget, ingeniør Ramsing og landstingsmand Ravn havde i de følgende år flere gange møder med forskellige ministre, men i 1950 endte det med at blive et definitivt nej. Der kunne ikke ydes støtte til en fiskerihavn i Dokkedal. Dernæst arbejdede udvalget så i et års tid på at få oprettet i det mindste en mole. Hertil kunne udgifterne holdes nede på 265.000 kr. Også her endte resultatet negativt. Arbejds- og Socialministeriet ville ikke yde tilskud, så det kunne udføres som beskæftigelsesarbejde.

Så var der kun regningen fra ingeniør Ramsing tilbage. Den 14. februar 1951 bad han om at få sit resttilgodehavende, der var på 138,25 kr. Men ak og ve! Havneudvalgets kasse var tom, og selv om det var et lille beløb, måtte man bede om at få henstand i en måneds tid. Sådan gik det med havnesagen i Dokkedal, hvor der tidligere var blevet jongleret med helt andre beløb.

Vore stednavne

Vi tænker vel kun sjældent på det, men blandt vore lokalhistoriske kilder må vi også regne stednavnene. Stednavneforskning er imidlertid for eksperter, idet man må have et nøje kendskab til sprogets udvikling gennem tiderne for at kunne fremlægge kvalificerede resultater. Jeg vil derfor i det følgende fortrinsvis begrænse mig til at referere forklaringer, som en af de virkelige kapaciteter på området, afdøde lektor Aage Houken, fremsætter i sin bog "Håndbog i danske stednavne" fra 1976.

Gudum. Endelsen um optræder her først i 1600-tallet. Tidligere blev der skrevet Guding, Gudyngh eller lignende.
1343 skrives Guddingholm.
Gudum indeholder næppe ordet Gud, men snarere mandsnavnet Guthi (th betegner blødt d).
Um- og ing-byerne er de ældste danske landsbyer. I Himmerland er der kun ganske få ing-byer, hvilket nogle har sat i forbindelse med kimbrernes opbrud.

Kongerslev. Kommer af ordet konunglev, der betyder krongods.

Kongstedlund er en afledning af Kongerslev. Den gamle form var Kongisløfflund.

Komdrup. 1319 bruges formen Kommæthorp. Det første led i navnet kommer sandsynligvis af mandsnavnet Kommæ, som vi må formode er byens grundlægger.

Drup betegner, at det er en torp-by, hvilket vil sige en udflytterby.

Dokkedal. 1610 bruges formen Dockedall.

Dokke = hulning eller kløft.

Muldbjergene. 1571 bruges formen Mulbiere.

Navnet indeholder ordet mule brugt om bakkernes form.

Egense. 1263 bruges formen Eigenschauffue, hvilket lektor Aage Houken tolker som Egenæshave.

Have = indhegnet jordstykke.

Egenæs kan være lig Egens odde.

Mou. 1421 bruges formen Moo.

Mo = sandslette.

Sejlflod. 1345 bruges formen Sæghælfloo.

Saghl = sump, fugtighed.

Flo er roden i ordet flyde. Det er et sted, hvor der står vand om vinteren og er grønt om sommeren.

Storvorde. 1345 bruges formen Yterwarthug.

Lillevorde. 1465 bruges formen Lille Warde.

Warth = vagtpost.

Varde = pyramide eller kegleformet stendynge som op-
sættes for at tjene til mærke.

Tilsyneladende går lektor Aage Houken ud fra, at de to
byer har en vis fælles oprindelse, hvad enten denne så er
warth eller varde, men hvorfor skulle de ikke kunne være
kommet af hver sin grundform? At de så senere begge er
endt med at få endelsen vorde, behøver jo ikke at være
andet end en sproglig tilslibning.

*

Til yderligere belysning af vore stednavne har jeg fun-
det en interessant beskrivelse i en gammel bog fra midten
af 1800-tallet, skrevet af L. Both.

"Gården Gudumlund kaldtes stundom blot Gudum
(Guthum) eller Guding, stundom formodentlig efter den
hosliggende lund Gudumlund. Sognene Gudum, Seglflod,
Store og Lille Vorde, Romdrup og Klarup kaldtes tidlige-
re tilsammen Gudingholm. De lå nemlig på en holm ved
en fladske eller et fladvand, som fremstod ved, at Linden-
borg Å, der i nærheden af Lindenborg pludselig mister sit
fald, overskyllede de umådelige kærstrækninger, den end-
nu havde tilbage at passere, inden den nåede Liimfjorden;
thi fra sin direkte vej til Kattegattet var den i tidens løb
blevet aflukket ved lave, sammenføgne sandmiler langs
kysten. Endnu i forrige århundrede, før Gudum Kanal
blev gravet fra egnen nord for Lindenborg til syd for Segl-
flod By, var det ikke så sjældent, at Gudumlunds jorder
var en ø, der kun ved både havde forbindelse med omeg-
nen, en beliggenhed, der måske i Skipper Clements Fejde
bevarede Gudumlund fra at dele skæbne med de omlig-
gende herregårde."

Nu findes der jo mange andre stednavne end bynavnene,
f.eks. har mange gårde deres eget navn, men her skal man

122

nok især passe på med tolkningen, da de sagtens kan have skiftet navn i tidens løb. Dette finder vi i den netop citerede bog et godt eksempel på i Lillevorde, hvor der er "et par gårde, der i forrige århundrede kaldtes Christensgaard, men nu Svendsgaarde. Nogle huse, der fordum kaldtes Erikstrup, kaldes nu Ugelgaardshuse.

Laboratoriet i Gudumholm

Vi har tidligere omtalt flere af Gudumlunds Fabrikker. Kalkværket og teglværket var de betydeligste, og netop disse to fabrikker kan da også karakteriseres som naturlige forekomster i det danske landskab. Da kanalerne var færdiganlagt af grev Schimmelmann i slutningen af 1700-tallet, havde området imidlertid fået et yderligere plus. Nu kunne der hentes tørv i uanede mængder ude fra mosen, og så var det tilsyneladende en nærliggende tanke også at anlægge andre brændselskrævende industrier.

Schimmelmann besluttede sig i alt fald til at oprette et kemisk laboratorium, hvor der skulle fremstilles sæbe, salt og forskellige andre kemiske produkter. Til at forestå opbygningen og driften af virksomheden ansatte han i 1798 en tysker ved navn dr. Friese, og man kan næppe forestille sig, at der nogensinde har opholdt sig en mand i Østhimmerland med en mere vidtløftig fantasi end denne plattenslager.

Dr. Friese planlagde først et enormt bygningsværk, som i dag ville have kostet et tocifret millionbeløb, men så fandt han pludselig ud af, at han kunne da i grunden også gøre det på en helt anden måde. Han ville i stedet for lade de nødvendige lokaler udhugge inde i den store kridtbakke. Herved ville projektet blive billigere, fordi der kunne spares en mængde materialeudgifter, og for øvrigt ville der jo ved denne fremgangsmåde heller aldrig blive tale om udvendige vedligeholdelsesudgifter. Den eneste ulempe ville være, at der selvfølgelig altid måtte arbejdes med lys.

Dr. Friese var faktisk så opslugt af sin plan, at han påbegyndte arbejdet, inden der forelå en accept fra Schimmelmann. Sidstnævnte beundrede dr. Friese så meget, at han virkelig overvejede dette skingrende skøre forslag, men det blev et nej. Der skulle opføres almindelige bygninger, og i noget mindre målestok end ønsket af dr. Friese.

Sæbekogeriet kom i gang allerede i 1798. Dr. Friese havde det overordnede ansvar, men til at forestå den rent praktiske del af arbejdet, blev der indkaldt en sæbe- og saltkoger fra Holsten. Det var nu ingen succes. En stor del af den første produktion skulle efter planen sælges i København, men det ildelugtende sæbe blev simpelthen returneret til fabrikken for at blive omkogt.

Der blev ansat en ny sæbekoger, uden at resultatet af den grund blev synderligt bedre. Selv undskyldte han sig med, at han fik for dårlige råstoffer. Efter et par år, hvor der flere gange kom klager, endte det med, at han blev sat på en prøve. Han fik nu udleveret nogle råvarer, som med garanti skulle være af prima kvalitet. Hvis den deraf kogte sæbe også blev for dårlig, skulle han fyres. Vi kender ikke prøvens udfald, men vi har lov til at gætte. Kort tid efter blev der nemlig ansat en anden sæbekoger.

Saltkogeriet begyndte i 1799. Ligesom sæben var det færdige produkt af en elendig kvalitet, men noget blev der da solgt, især lokalt og i Aalborg. Den største fiasko i Laboratoriets historie var dog alle de andre kemiske produkter, som dr. Friese havde lovet Schimmelmann at fremstille.

Skønt Laboratoriet var blevet mindre end først planlagt, så var der trods alt tale om et omfattende og kostbart bygningskompleks. Vi kan nok bedst illustrere investeringens størrelse ved at fortælle, at udgifterne til bygningernes opførelse samt til de indkøbte råstoffer omfattede et beløb, som svarede nøje til de samlede udgifter, der havde været ved at anlægge kanalerne.

Hvad, der var kommet hjem igen ved salg af sæbe og salt, var i denne forbindelse de rene pebernødder, men det evnede dr. Friese at slå hen som bagateller. Nej, når han kom i gang med at fremstille sine kemiske produkter, så ville pengene strømme ind!

Dr. Friese foretog i årevis det ene kemiske forsøg efter det andet, men det foregik altid under stor hemmelighedsfuldhed. Ingen fik at vide, hvad han ville lave, og hvordan han ville nå frem til resultaterne. Selv grev Schimmelmann holdt han hen i uvished. Schimmelmann stolede fuldt ud på hans evner, og lod sig som eneste sikkerhed nøje med et dokument, hvor dr. Friese havde nedskrevet sine fabrikationshemmeligheder. Dokumentet var imidlertid blevet lagt i en forseglet kuvert, som blev deponeret hos tredjemand, og det måtte kun åbnes af greven, hvis dr. Friese skulle dø eller forlade fabrikken i utide.

I fem år troede Schimmelmann fuldt og fast på dr. Friese, men der var trods alt grænser for, hvor meget han kunne pumpe ind i Laboratoriet uden at se resultater. I 1803 sendte han derfor sin sekretær til Gudumholm for at sætte skub i projektet.

Sekretæren forlangte, at nu skulle dr. Friese skabe produktion. Dr. Friese arbejdede som en gal i nogle uger, men måtte til sidst indrømme, at alle hans forsøg var slået fejl. Herefter blev dr. Friese straks fyret, hvad der vel var ganske forståeligt, men hele det store laboratorium blev også revet ned. Det havde sandelig været et dyrt eksperiment.

Hverken Schimmelmann eller nogen anden i samtiden fandt det umagen værd at åbne kuverten med dr. Frieses hemmeligheder. Det skete først 90 år senere. Og ganske rigtigt! Dr. Frieses kemiske evner havde aldrig nogen sinde berettiget ham til at få stillet et anlæg til rådighed som det i Gudumholm.

Kilde: Chr. Brønnum: Fabrikanlægene ved Gudumlund. Udgivet i Samlinger til Jydsk Historie og Topografi. 2 række IV bind. 1893-95.

Kimbrerne

Jeg er i flere år dagligt kommet forbi Cimbrertyren på Vesterbro i Aalborg. Den står med hovedet sænket ned mellem benene, og jeg var en overgang overbevist om, at denne attitude skyldtes skamfuldhed. Den 17. november 1984 kunne man nemlig læse en kronik i Aalborg Stiftstidende, hvor kronikøren var så uvenlig at påstå, at kimbrerne aldrig havde boet i Himmerland, og hvad ret havde Tyren så til at stå og spærre for trafikken?

Senere er der imidlertid kommet en ny bog om kimbrerne skrevet af bibliotekar Jens Bråten fra Års. Jeg har desværre aldrig fået læst denne bog, og derfor vil jeg selvfølgelig heller ikke bedømme dens kvaliteter, men af presseomtalen fremgik det, at Jens Bråten har ført kimbrerne tilbage til Himmerland med Års som centrum.

Det er da muligt, at den gamle oldtidsborg Borremose var kimbrernes fæstning, men de kan da også have haft andre fæstninger, som blot aldrig er blevet fundet. Hvis kimbrerne skal henføres til Himmerland, må vi forsøge at se på hele landsdelen.

Lad os dog først forinden i ganske korte træk fortælle kimbrernes historie. Vi ved, at de var et såkaldt germansk folkefærd, og de optrådte første gang på den historiske arena i år 113 f.kr. Kimbrerne var da et stort omvandrende folkeslag, som truede med at drage ind i Romerriget, der var datidens mægtigste stat. Romerne befalede dem at vende om, og tilsyneladende var kimbrerne indstillet på at følge ordren. De bad om og fik vejvisere, til at ledsage sig gennem det for dem fremmede område i Alperne, og alt så ud til at være i den bedste orden. Vejviserne lokkede imidlertid kimbrerne i et baghold, men de høje nordiske krigere besejrede under kampsang og voldsomme krigshyl den romerske hær.

Kimbrerne drog i de følgende år hærgende rundt i Sydeuropa, bl.a. i Frankrig og Spanien, og under denne færd besejrede de flere romerske bære. I 103 f.kr. slog kimbrerne følge med en anden stor germansk folkevandringsstamme, teutonerne, som nogle har villet henføre til oprindeligt at komme fra Thy.

Tilsammen har kimbrerne og teutonerne udgjort flere hundrede tusinde mennesker, da felttoget også indeholdt kvinder og børn. Måske har det derfor været af provianteringsmæssige årsager, at de to folkeslag igen delte sig i år 102 f.kr. Kort tid senere lykkedes det romerne at besejre teutonerne i et stort slag. Her blev der efter sigende dræbt så mange teutonere, at den lokale befolkning siden kunne bruge deres knogler som støtter for vinrankerne.

Så blev det kimbrernes tur. I år 101 f.kr. drog de over Alperne til Italien. Under denne fremfærd skal krigerne være rutsjet ned ad sneen på bjergsiderne siddende på deres skjolde. Det var bogstavelig talt en folkelavine, der her hylende rullede ind i Italien, og de romerske soldater, der var blevet sendt til stedet for at forsvare landet mod de vilde barbarer, flygtede rædselsslagne bort.

Nu blev den bedste af de romerske elitehære sendt af sted. Det var krigsvante soldater med en jernhård disciplin, som ikke lod sig kyse af kimbrernes skrig. Kimbrerne kæmpede som rasende, men den romerske overmagt var nu så stor, at de endte med at blive trængt tilbage til deres vognborg. Her kunne de dog heller ikke få fred. Deres egne kvinder drev dem med hug og slag tilbage til kampen, hvor de fleste endte med at blive dræbt. Det var simpelthen et forfærdeligt blodbad.

Kimbrernes kvinder kæmpede lige så tappert. De sloges på livet løs for at forsvare vognborgen mod de fremstormende romere, og da de ikke kunne klare sig længere, dræbte de sig selv og deres børn i massevis for ikke at blive taget som krigsfanger.

Med dette slag havde kimbrerne, der havde været en reel trussel mod datidens mægtigste stat, udspillet deres rolle i historien, men nu mere end 2000 år senere diskuterer man stadig, hvor de har haft deres hjemstavn. Kronikøren fra 1984 har i alt fald ret i et punkt, nemlig at man ikke entydigt kan fastslå, at de kom fra Himmerland. Det er der vist heller ingen historiker med respekt for sig selv, der kunne drømme om at gøre. Hertil er kildematerialet alt for spinkelt.

Derimod mener kronikøren selv at kunne hævde, at kimbrerne kom fra egnen omkring Elben i Nordtyskland, og ved første øjekast synes han da også at have stærke argumenter på hånden. Han henviser til en gravskrift, som kejser Augustus lod fremstille ca. 100 år senere. Af denne fremgår det, at en flådeekspedition udsendt af Augustus år 5 e.kr. kom til Elben, og her bad flere lokale folkeslag, bl.a. kimbrerne, romerne om fred.

Den pågældende gravskrift er en betydelig historisk kilde, men dens indhold må bestemt ikke sluges råt, således som kronikøren har gjort det. Gravskriften skulle først og fremmest prise Augustus' bedrifter, og det tør nok antydes, at disse fik hele armen. Det er således nemt at dokumentere, hvordan fortielser og omskrivninger af sandheden har fået en fremtrædende plads.

Måske boede kimbrerne virkelig ved Elben, men det kunne jo også være, at de blot blev nævnt, fordi det ville give prestige hjemme i Rom. Ingen kunne jo alligevel dokumentere, om det var sandt eller ej. Det kunne også tænkes, at en mindre gruppe havde slået sig ned ved Elben efter at være brudt ud af det store kimbrertog. Mulighederne er mange, og der er i alt fald ingen grund til at fæstne særlig lid til kildens ordlyd.

Det væsentligste argument, der kan fremføres mod Himmerland som kimbrernes hjemstavn, må være folketogets enorme omfang. Vi kan kun gætte på størrelsen, men selv om vi er forsigtige og bare siger f.eks. 100.000 mennesker, så er det jo alligevel helt kolossalt. Husk på, vi snakker om jernalderen, hvor den udgravede Sejlflodby på samme tidspunkt havde mellem 30 og 50 indbyggere. Det kan simpelthen ikke passe, at alle kimbrerne er kommet fra Himmerland.

Derimod er det naturligvis ikke utænkeligt, at udvandringen er startet fra Himmerland, og at der så efterhånden kan være kommet flere til. Årsagerne til et opbrud kan vi blot gætte os til. Det kan være overbefolkning, det kan være frygt for andre, det kan være religiøst betinget, og der kunne fremsættes endnu flere forslag. Kun synes det alt for snævert at inddrage Vesthimmerland og især egnen omkring Års. Vi må simpelthen have hele Himmerland med i billedet, hvis der nogensinde skal findes en plausibel forklaring.

Jeg ved ikke så meget om arkæologi, men for nogle år siden gik jeg en tur på en mark i den nordlige del af Lille Vildmose, og her behøvede man næsten kun at bøje sig ned for at samle det ene potteskår op efter det andet. Andre steder i Lille Vildmose er der gjort mange arkæologiske fund, som daterer sig fra omkring år 400 f.kr. og et par hundrede år frem i tiden, og så er det, man må stille spørgsmålet: Har der engang været en kæmpemæssig jernalderboplads ude i Lille Vildmose, og hvor er befolkningen senere draget hen? Forlod de området for at deltage i det store kimbrertog?

Kan stednavnet Kongerslev tænkes at være et spor i samme retning? Stednavneforskerne er enige om, at navnet Kongerslev må stamme fra begrebet kongelev, der betyder krongods. Ordet kongelev er slet ikke så gammelt, at det kan henføres til kimbrertiden, men på dette tidspunkt er området måske kommet til at ligge øde hen. Kongemagten overtog jo netop senere den jord, som ikke tilhørte andre. Denne jord var kongelev.

Det er naturligvis kun et tankeeksperiment, men der er altså et svagt spor, som kunne tyde på, at nogle af kimbrerne har forladt egnen omkring Lille Vildmose, Sdr. Kongerslev og Nr. Kongerslev.

Gudum Forsamlingshus

Gudum Forsamlingshus fejrede 40 års jubilæum i 1988, og i denne anledning blev der udgivet et lille hæfte på 12 sider. Det er skrevet af byens tidligere smed, Herman Sørensen, som giver en levende beskrivelse af begivenhederne for 40 år siden, da Gudums befolkning gennemførte byggeriet i fællesskab. Alle var med, og alle arbejdede gratis.

Tanken om et forsamlingshus var ikke ny. I flere år havde det været et irritationsmoment, at møder for sognets befolkning kun kunne foregå under trange forhold i skolen, og hvis nogen ville give en kop kaffe efter en begravelse, måtte folk gå eller cykle over til hotellet i Vårst. I 1947 blev der imidlertid solgt træbarakker fra den store flygtningelejr i Fræer. Ved at købe en eller flere af disse barakker kunne der bygges et billigt forsamlingshus.

Da denne ide var opstået, blev der hurtigt nedsat et byggeudvalg på 10 medlemmer, som skulle tage sig af sagen. Økonomien blev bragt på plads ved at optage et lån på 15.000 kr. i Sparekassen i Gudumholm. Halvdelen af beløbet blev brugt til at købe de nødvendige barakker i Fræer.

I foråret og sommeren 1948 var hele byens befolkning i gang med byggeriet, for som Herman Sørensen skriver, "var der ikke andet, så havde vi en stor beholder med gamle søm, som skulle rettes, for nye kunne ikke købes, uden vi havde en såkaldt købstilladelse, og dette gjaldt også for andre byggematerialer. Men dem vi skulle bruge, fik vi da."

Især var vognmand Holger Pedersen en knag til at fremskaffe materialer. Som følge af sit erhverv kom han vidt omkring, og selv om der var rationering, kunne meget jo ordnes "med et par stykker smørrebrød m.m." Det var således også Holger Pedersen, der skaffede de mange eternitplader til taget, hvad der ellers på forhånd syntes at være en umulig opgave.

Alle de lånte penge var efterhånden brugt op, og så måtte der kaldes sammen til et fællesmøde i den trange skolestue. Her blev det både foreslået at amputere byggeriet i forhold til det oprindeligt vedtagne og at låne flere penge, men så kom Hans Hansen med de forløsende ord: "A tøgges, at vi skulle prøve å betål noget selv!"

Ja, dette var selvfølgelig løsningen. Der blev foretaget en lokal indsamling, og der blev arbejdet videre med fornyet styrke. Om aftenen var der altid en af byens kvinder, som kom med en nybagt kage og en kande kaffe.

Det færdige forsamlingshus blev indviet med en stor fest, hvor der var ca. 200 deltagere. Gårdejer Karl Lund havde slagtet fedegrisen, andre kom med høns, æg, kartofler m.m., og brugsuddeleren kunne pludselig finde rigtig kaffe i stedet for den sædvanlige kaffeerstatning. Borde og stole havde man lånt ude fra den nedlagte kantine på Cemenfabrikkernes Mosebrug, og det var med direktør Hørup Nielsens velsignelse, at de aldrig blev leveret tilbage.

I de følgende mange år var der livlig aktivitet i Gudum Forsamlingshus. Her var der gymnastik, husflid, sykursus, sangkor, høstfester, juletræsfester m.m. Nu om dage er aktiviteterne anderledes, men huset består, og som Herman Sørensen skriver, "for mig at se intakt og vel vedligeholdt." Arbejdet for 40 år siden var altså ikke forgæves.

Det korte resume, som her er givet, yder slet ikke Herman Sørensens beskrivelse retfærdighed, da der ikke har været plads til at medtage en mængde både interessante og hyggelige episoder. Selv om man ikke er fra Gudum, er det lille hæfte interessant læsning. Herman Sørensens lokalhistoriske erindringer er simpelthen til ug med kryds og slange. Det ville være dejligt at se flere erindringer fra hans hånd!

Et par gamle møller i Mou

I de gamle landbrugsdominerede landsbysamfund var der ikke brug for så forfærdelig mange funktioner. Samtlige processer vedrørende produktionen kunne faktisk foregå derhjemme, hvis vi ser bort fra kornets maling. På dette område var landbruget allerede blevet specialiseret i middelalderen. Det skete først gennem opførelse af vandmøller. Siden blev vindmøllerne den dominerende faktor.

Vi har tidligere været en smule inde på møllernes historie, og vi vil nu bringe yderligere et par oplysninger fra

Mou Sogn. Som det fremgår af teksten, var der her en alvorlig mangel på møller omkring midten af det 19. århundrede.

I 1849 boede der en møllebygger på Frydenstrand, som havde fået tilladelse til at opføre en grynmølle. Efter at have fået denne tilladelse fandt han imidlertid ud af, at møllen skulle forsynes med et sigteværk. Denne tanke havde sogneforstanderskabets fulde velsignelse, hvilket tydeligt fremgår af følgende erklæring:

"Imod vedlagte ansøgning kan der fra sogneforstanderskabets side ikke haves noget imod, at det ansøgte tillades. Vel er der en mølle med sigteværk her i sognet, men ofte er den ikke tilstrækkelig til sognets formaling, så at beboerne må nødsages til at søge andre møller, navnlig Gudumlunds og Tiendegårdens, som er 1 3/4 til 2 mil fraliggendes for de nærmeste boende, og det kan endog bevises, at selv husfolk, der hverken har heste eller vogn, har måttet søge de ommeldte langt fra liggende møller og transportere deres korn til fods. Det kan derfor ikke andet end være ønskeligt, at ansøgeren gives bifald."

Oplysningerne er hentet fra sogneforstanderskabets forhandlingsprotokol, og af denne fremgår det ikke, om der har været tale om en vandmølle eller en vindmølle, men det var formodentlig det sidste.

Den anden mølle i Mou Sogn, der sigtes til i citatet, er Høstemark Mølle. Høstemark Mølle har en lidt speciel forhistorie, der går tilbage til den tid, da Lille Vildmose blev tørlagt. På denne tid lå der nemlig en mølle ved Strebæk syd for Dokkedal, kaldet Stridt Mølle. Hvis mosen skulle tørlægges, ville Stridt Mølle miste sin vandkraft, og det var ikke uden problemer, da den nedsatte kommission kunne fastslå, at møllen rent faktisk havde visse krav på at udnytte den naturgivne vandkraft.

Stridt Mølle tilhørte ejeren af Høstemark, som var meget vanskelig at forhandle med, men da den gamle vandmølle var forfalden, endte det alligevel med, at ejeren gik med til at nedlægge den. Til gengæld fik han så bevilling til at bygge en "veir- og hæstemølle" ved Høstemark, og i følge citatet ser det jo ud til, at der var brug for den.

Fine folk

De færreste forestiller sig vel i dag, at det tidligere posthus i Danmarksgade omkring år 1900 var en del af stuehuset til Kongerslevs største gård, Marcussens Gård. Den havde sit markjord på højre side af Kongensgade fra Krydset og ovenud ad bakken mod Nr. Kongerslev.

Familien Marcussen må vel dengang betegnes som toppen af byens aristokrati og deres bolig som et herskabshjem. De holdt således deres egen privatlærerinde til at undervise børnene derhjemme. Det kunne kun virke afstikkende i en lille landsby, hvor der ikke var mere end 500 indbyggere i hele sognet.

Vi kender den unge gårdejer Marcussen fra flere fotografier optaget omkring århundredskiftet. Her optræder han ulasteligt klædt i jakkesæt med en hvid kasket på hovedet og en slank spadserestok i hånden. Billederne er naturligvis arrangerede opstillinger, men alligevel må vi sige, at Marcussen bestemt ikke ligner en landmand, der kunne tænke sig at give en hånd med ved gårdens daglige drift.

Nuvel, det sidste kan ikke blive andet end gætteri. Når folk dengang skulle fotograferes, kom stadstøjet som regel frem, og det gjorde det også om søndagen; måske endda i højere grad i Kongerslev end så mange andre steder. Det var jo blevet en stationsby, som havde tiltrukket fremmede forretningsfolk, og disses vaner smittede vel i nogen grad af på den mest moderne indstillede del af den gamle befolkning.

Netop søndagstøjet skulle senere komme til at spille en vigtig rolle i gårdejer Marcussens liv. Lynet slog nemlig ned i hans udhuse i 1915, og det var en søndag eftermiddag, hvor folk strømmede til for et se ildens rasen. Kommunens brandsprøjte, der stod opmagasineret i Nr. Kongerslev, blev tilkaldt, men hvad den kunne præstere i den katastrofale situation battede alt for lidt, og skønt brandfogeden skældte ud, var de fleste af tilskuerne utilbøjelige til at tage del i slukningsarbejdet. De ville ikke gøre deres fine tøj beskidt.

Kun fordi brandfogeden, der blev mere og mere ophidset, truede med alverdens ulykker, var der efterhånden en del, som vendte jakken og gjorde en behjertet indsats. På denne måde lykkedes det at redde stuehuset og også noget af udhusene, men Marcussens Gård blev aldrig mere den samme som før. På dette tidspunkt var der allerede blevet udstykket jord til et hus øverst på bakken, og i de følgende år blev gården yderligere udstykket bid for bid. Selv overtog Marcussen i stedet for en af byens andre store gårde, Solbjerggården.

Da Marcussen havde Solbjerggården, skulle en af hans karle, Chr. Mikkelsen, der senere boede i Nr. Kongerslev, engang omkring 1920 op på stationen for at hente en pakke med rent vasketøj, som han var blevet tilsendt af sin mor. Da Chr. Mikkelsen kom op på stationen, så stationsforstander Danielsen på uret og sagde, at stationen var lukket for i dag; klokken var over sytten.

Chr. Mikkelsen måtte altså tage tilbage til Solbjerggården med uforrettet sag, og han har jo nok skummet af raseri over den fornemme stationsforstander, som ikke fandt det umagen værd at betjene en simpel tjenestekarl, blot fordi klokken var blevet et par minutter over lukketid. Hjemme på gårdspladsen mødte han Marcussen, og da sindet var i oprør, kunne han ikke lade være med at fortælle gårdejeren om den dårlige behandling.

Efter at have hørt historien gik Marcussen ind, men lidt efter kom han ud igen og sagde til Chr. Mikkelsen, at nu kunne han godt gå op på stationen for at hente sin pakke med vasketøj. Jo, når byens fornemme gårdejer ringede, så var der mange døre, som straks sprang op.

Dumt snobberi af samme type kan vi vel også komme ud for i dag, men så er der også andre former for snobberi, som heldigvis kun hører fortiden til. Her kan vi fra den samme tidsperiode give nogle typiske eksempler ude fra Vildmosegården. Vildmosegården blev som Lindenborgs mange andre store gårde drevet af forpagtere, og nogle at disse opførte sig undertiden som små enevældige konger, for hvem tyendet næsten skulle falde på knæ.

Forpagteren på Vildmosegården var måske særlig slem i denne retning. En af karlene, en polak, løb en dag forbi forpagteren, og i farten tog han selvfølgelig kasketten af og hilste, men det var ikke nok. Forpagteren kaldte ham tilbage, og så udspandt der sig en parodi, som ville være en pryd for enhver dårlig dilettantkomedie. Nu gav forpagteren nemlig den stakkels karl en grundig instruktion i hilsningens vanskelige kunst.

Den, der hilste på en overordnet, skulle bukke, og samtidig skulle han tage kasketten af og svinge med den i en fejende bevægelse, som nåede helt ned til jorden. Det var ikke så nemt at lære, så forpagteren og karlen måtte jo stå og hilse på hinanden et stykke tid, inden førstnævnte var tilfreds.

Chr. Mikkelsen, der er nævnt ovenfor, fik også æren af at arbejde for den fornemme forpagter. Det var i sommeren 1921, en rigtig tørkesommer, hvor Vildmosegården i længere tid var tørlagt for vand. For husholdningen betød dette nu ikke så meget, for til denne var man alligevel vant til at hente vand på mejeriet i Kongerslev. Det tog mælkekusken med retur.

Denne sommer måtte man imidlertid også hente vand til dyrene, og det store tyendehold skulle ligeledes have lidt at vaske sig i. Det blev dog ikke hentet i Kongerslev. Det blev hentet på Kongstedlund i en gammel ajletønde.

At køre hø og korn var en beskidt omgang, og en dag da Chr. Mikkelsen endnu ikke var blevet vasket, så han forpagteren ude på gårdspladsen. Han løb straks ud til ham, fordi han gerne ville spørge om fri et par timer den næste dag om eftermiddagen, da han skulle til sin bedstemors begravelse.

Forpagteren stod der med stokken i hånden, og synet at dette beskidte stykke tyende huede ham bestemt ikke. Hans første replik var, "Kunne De ikke vaske Dem, inden De henvender Dem til herskabet?" Chr. Mikkelsen måtte indrømme, at det kunne han måske nok, men på gården var der kun to vaskefade til otte mand.

Så fik den fine forpagter den at tygge på, men han skulle naturligvis have at vide, hvor bedstemoderen boede.

- Jo, hun boede da i Kongerslev.

Det kunne forpagteren ikke forstå, for der vidste han ikke andre døde end den gamle kone, som boede hos Holmgaard. Chr. Holmgaard var gårdejer og byens sognefoged, og derfor faldt det slet ikke forpagteren ind, at samme gamle kone også kunne være bedstemor til den simple tjenestekarl, som han netop stod og talte med, men da sandheden gik op for ham, fik tonen en helt anden lyd. Nej, Chr. Mikkelsen kunne ikke få fri et par timer den næste eftermiddag. Han skulle have fri hele dagen. Sådan gik det, blot fordi den gamle dame tilfældigvis også var sognefogedens svigermor.

De omtalte fotografier kan ses i Poul Erik Kristensen: Kongerslev-Komdrup kommune 1860 -1916. Udg. 1979.

24 lampesteder m.m.

Den 28. juni 1926 holdt Sdr. Kongerslev Transformatorforening generalforsamling, og det tør nok siges, at denne generalforsamling var lidt speciel. De fremmødte besluttede nemlig, at der skulle dannes endnu en forening i Kongerslev, en grundejerforening.

Det skete ud fra et ønske om at få installeret elektrisk gadelys, og den nye forening forstod at arbejde så effektivt, at ønsket blev en realitet allerede året efter. For at skaffe de nødvendige penge blev der afholdt en stor basar, der også omfattede foredrag og sang. Resultatet blev et efter datidens forhold svimlende overskud, mere end 2000 kr., hvilket var nok til 24 lampesteder rundt om i byen.

Men der var også mange andre opgaver, der lå og ventede på den nystiftede grundejerforening. Sammen med smidieboerne begyndte den at anlægge den nuværende vej over Kongerslev Kær til Smidie, og man begyndte at lægge fortov i Kongerslev By. Samme år vedtog den tillige vedtægterne for en teknisk skole, som den havde taget initiativet til året før.

I følge vedtægterne skulle Teknisk Skole fungere som en selvstændig institution med egen bestyrelse, men denne skulle dog vælges af Grundejerforeningens ordinære generalforsamling. Den første bestyrelse kom til at bestå af snedkermester Jakob Sørensen, købmand H. Langgaard, købmand P. K. Gundlev, gårdejer Bertel Pedersen og førstelærer Høholt. Sidstnævnte forestod tillige undervisningen sammen med snedkermester Olesen, Nr. Kongerslev.

Teknisk Skole kørte en handelsklasse for de unge mennesker, der var i lære inden for handel og kontor; en tegneklasse for håndværkerlærlingene; endelig var der også en almindelig aftenskoleklasse for alle dem, der gerne ville supplere den undervisning, de tidligere havde modtaget i folkeskolen. Alt i alt var det ikke ualmindeligt med et halvt hundrede elever.

Formelt blev Kongerslev Grundejerforening nedlagt i 1934, men reelt var der blot tale om, at den skiftede navn til Kongerslev Borgerforening, selv om idegrundlaget blev en smule moderniseret. I den gamle Grundejerforening kunne kun grundejere samt selvstændige erhvervsudøvere optages som medlemmer. I Borgerforeningen kunne optages alle, som var bosiddende i Kongerslev eller i omegnen.

Endvidere kan man sige, at Grundejerforeningen først og fremmest havde bestræbt sig for at varetage rent materielle interesser, medens Borgerforeningen også så det som sin pligt at arrangere underholdning og andre former for festlige sammenkomster. Bl.a. blev der allerede i 1934 foretaget en udflugt til Viborg, og herefter blev der tradition for en årlig sommerudflugt. Borgerforeningen spillede ligeledes en aktiv rolle, da Landboforeningen fra 1937 begyndte at holde dyrskuer i Kongerslev. Samme år arrangerede man den første pensionistudflugt.

I 1937 blev Borgerforeningen slået sammen med den lokale Håndværkerforening, der var blevet stiftet i 1933. De to foreninger havde i forvejen mange fælles medlemmer, og da de tillige i høj grad arbejdede for de samme interesser, var sammenslutningen på sin vis ganske naturlig. Alligevel var der i Håndværkerforeningen kun 11 stemmer for dette skridt, medens 9 var imod. Der var altså tale om en meget snæver afgørelse.

Forklaringen på uenigheden skal søges i det forhold, at Håndværkerforeningen dækkede både Kongerslev og Nr. Kongerslev, og medlemmerne i den sidstnævnte by var af naturlige årsager ikke interesseret i sammenlægningen. Som en lille krølle på halen kan det endda anføres, at Håndværkerforeningens kasserer først udleverede kassebeholdningen på 130 kr., efter at der var blevet sat en sagfører på sagen.

Borgerforeningens vedtægter fortsatte efter sammenslutningen stort set i uændret form. Af nye ting i årene fremover kan nævnes, at foreningen i 1938 købte 40 flagstænger, som kunne opstilles i byen ved festlige lejligheder.

I dag er Kongerslev Borgerforening mest kendt for det årlige hestemarked. Denne tradition startede i al beskedenhed i 1971. Dengang foregik festlighederne kun over en weekend, men det udviklede sig snart til en folkefest over flere dage, hvor folk strømmede til fra hele Østhimmerland.

Nu har det imidlertid ikke været hensigten med denne artikel at fortælle Borgerforeningens historie, men blot at belyse oprindelsen til nogle af nutidens faciliteter og traditioner, og i denne forbindelse bør vi vel også nævne Kongerslevs gadenavne.

I 1944 arbejdede Borgerforeningen for, at byens gader skulle navngives, og de fremsatte endda navneforslag. At det netop foregik under Besættelsen har sikkert haft indflydelse på så patriotiske navne som Kongensgade, Danmarksgade og Jyllandsgade. Som et kuriosum kan det dog nævnes, at ikke alle Borgerforeningens forslag blev antaget. Hvis dette havde været tilfældet, ville Rolighedsvej nemlig så nu have heddet Nyvej, og Jernbanestien ville have heddet Rolighedsvej.

Blicher i Vildmosen

Ingen dansk forfatter er så kendt for sine noveller som Steen Steensen Blicher, og blandt novellerne er der to, som begge bærer titlen Kærlighed i Vildmosen. De er skrevet i henholdsvis 1846 og 1847 og hører derfor til blandt hans seneste arbejder. Novellerne er optrykt flere gange i udvalgte samlinger, hvorfor man vel tør formode, at de har en vis litterær værdi.

Indrømmes skal det da også, at Blicher er en sand sprogets mester, hvor det undertiden er en nydelse at dvæle ved detaljerne, men det er en slem røverhistorie, som han forsøger at binde os på ærmet. Det er simpelthen opspind fra ende til anden. Den beskrevne frue på Lindenborg har aldrig nogensinde eksisteret. Historierne om Friherreinden, Sofie Amalie Lindenov, har utvivlsomt virket inspirerende, men så er det også sagt!

Et må vi dog i alt fald lade Blicher, og det er, at han personligt har besøgt området. Ellers kunne han ikke have givet os den naturskildring, som han leverer på den første side. I virkeligheden boede han jo heller ikke så langt borte, da han var præst i Spentrup, der ligger en halv snes km nord for Randers. Han, der havde været vant til at strejfe om på den jyske hede med bøssen på nakken, havde måske begivet sig nordpå for at se, om Vildmosen kunne give ham den samme tilfredsstillelse.

Egentlig kan man godt ærgre sig lidt over, at han ikke benyttede sig af en pålidelig historisk kærne, når han absolut ville skrive et par noveller fra området. Så havde han trods alt været 140 år nærmere begivenhederne, end vi er i dag. Som det er nu, er novellerne faktisk kun lokalhistorisk interessante, fordi Blicher har beæret vor egn med sit besøg.

Kærlighed i Vildmosen I

Dokkedal hedder en by lidt syd for Limfjorden og tæt hen mod Kattegat. Til værn mod dette og til læ for dets storme har denne række af stråtækkede huse en række af sammenhængende høje, dem de kalder Molbjergene. Træd op på en af disse "knuder" og se dig først mæt på havet; og drej dig så om mod landet! Her er noget ganske andet at se.

Bag dig havde du blåt; foran dig har du nu gråt eller en naturfarveblanding af gråt, gult og brunt. Hvad for en hovedfarve er den fremherskende, er vanskeligt at afgøre; men på kedlens overflade er opkogt en, der kan sætte en sjællandsfar i slet humør.

Denne moseørkens udseende ville være milevidt aldeles ensformigt, hvis den ikke var på to etager, den ene tre til fire alen højere end den anden, lidt brunere af lød, da lyngen på det mindre sumpige jordsmon trives, skønt tarveligt.

Men kig videre ned i sydvest og op i nordvest! Hist opdager du en anselig menneskebolig med have til og på den nordligere kant en ordentlig skov. Bag denne ligger, men fra dit standpunkt usynlig, også en herrevåning, benævnet Høstemark. Dette navn, såvel som den forriges: "Vildmosegaard", antyder en yngre oprindelse, nemlig på en senere tid, da vandherredømmets svækkelse indrømmede beboelse på disse oaser.

Høstemark er opstået langt tidligere end den anden, Mosegaarden, eftersom dens beliggenhed egentlig er på en halvoase. Den sidste skulle måske endnu ikke været til, hvis ikke kærlighed - den første vindmøllebygger - også her havde vist sin vidunderlige magt.

En adelig herre blæste nogle bønderhytter over ende og opbyggede på tomterne det nuværende Lindenborg. Navnet erholdt den, for at mindet om hans frue kunne vedligeholdes: Jeg sørger nu også derfor på en anden måde.

"Das Fräulein von Linden" var en fattig skønhed og følgelig med kun svagt håb om at vorde Frau, da Junker Hans aus Dänemark daraussen så og forelskede sig i hende. Hun bønhørte ham og fulgte med til hans bolig i Blenstrup. På hendes befaling blev det nye herresæde opført og opkaldt efter den nådige frue.

Denne dame var ellers intet mindre end nådig, hvilket flere end junkeren fik at føle; og kan man sætte lid til hendes ej uddøde eftermæle, var hun en Messalina både i vellyst og grumhed.

Førend der begyndtes på bygningen, lod hun grave og mure en flere favne dyb brønd inden for det vordende slots omkreds. Da den ikke gav vand, bestemte hun den til bevaringssted af ferskeri om sommeren, forsynede den med en tætsluttende lem, ikke til at drages op, men til at falde ned, når en skodde under den blev trukket fra. Hvorledes dette bevirkedes, blev hendes hemmelighed, i hvilken ingen anden gjordes delagtig, undtagen tømmermanden, som, for ej at røbe den, blev det første offer i Lindenborgs oubliette (underjordisk fængselskælder): han forsvandt og forglemtes.

En tjener blev hans efterfølger, så snart den kvindelige Rolf Blåskæg, ked af ham, havde kastet sine øjne på kusken. Denne og efter ham gartneren nød samme løn for deres natlige opvartninger.

Der hviskedes i gården og mumledes uden for om disse ubegribelige forsvindelser. Man var ikke uvidende om hines forhold til slottets herskerinde, men tænkte, at hun havde givet den ene efter den anden penge til lønligt at rømme bort fra egnen.

Herren tilbragte sin tid med junkerlige forretninger; tøvejrsdage fordrev han med riden, jagen, sviren og lystighed i selskab med ligedanne; og dette herreliv greb ofte ind i nattens rettigheder. På sådan måde var flere år blevet borte for ham. Det første år af hans ægteskab var ikke forbi, før hans kærlighed til hustruen var bortdunstet, og han gik sine veje, som hun gik sine.

Det indses let, at han med sådan levevis tænkte kun nødigt og flygtigt på alvorlige ting. Alligevel forekom disse rømninger ham betænkelige. Hans svirekammerater ytrede ligeledes i lyse mellemrum deres betænkeligheder, såvel som i dunstfulde timer anmærkninger over junkerindens mistænkelighed i kærestesager.

Dog skulle han have slået alt dette hen i vejr og vind, hvis ej — som sagnet beretter — en af slottets kvindelige tyende, hos hvem herren trøstede sig over fruens utroskab, havde, figurlig talt, sat ham spjælke på øjnene. Hun berettede, at hun havde set skytten og et årstid efter gartneren ved midnatstide gå med fruen hen til et af tårnene, forsvinde derinde og hende begge gange komme ene tilbage; og var det just på de tider, begge forsvandt.

Junkeren blev nysgerrig, tog mod til sig og forlangte nøglerne, som fruen havde taget i forvaring.

"Der er ikke noget at se," sagde hun; "men vil du derind, skal jeg ledsage dig."

Da hun havde åbnet døren til oublietten, bød hun ham gå foran. Han gik, trådte på lemmen og sank ned mellem sine medbejleres ådsler. Lemmen lukkede sig for stedse. Fliser bedækkede snart efter den og det græsselige værelses hele gulv.

Så vidt til foreløbig indledning.

*

I Egensekloster, deroppe ved Limfjorden, var der en abbed engang - ja det var så omtrent midt imellem den tid, da den bøhmiske gås blev stegt i Konstanz, og den, da den sachsiske svane hævnede gåsens død, uden at blive stegt. Den samme abbed Eusebius var en oprigtig katolik: han holdt på formen, kuede fornuften og kvægede sanserne, især sine egne; var da sanselig i løndom og åndelig åbenlyst, som det sig hør og bør. Han passede messe og ottesang, tømte sit bæger uden klang; han gjorde opvartning for Gudmoder in effigie og for smukke piger og koner in corpore. Sådan noget har følger; blandt hvilke en, om hvilken denne historie drejer sig.

"Si non caste, tamen caute (ikke så kysk som forsigtig)! var en af hans faderlige formaninger til novicerne. Han selv var hverken kysk eller forsigtig. - Hans formand i dette gejstlige sinecure havde fået den tilkommende eftermand så kær, at han brugte ham meget ung i bestillinger, også verdslige, uden for klostermurene.

Den første af de forannævnte herregårde lå inden for munkekasernens enemærker. Dens gejstlige herre beskikkede en munk til om sommeren at have opsyn med gårdens drift. Eusebius erholdt denne bestilling, så snart han, kun lidt over de een og tyve, havde ladet sig omhylde med kappen og bedække med hætten.

På disse tider havde Gudumlund en ung, adelig enke til herskerinde, døbt Marie Malene. Hun får Eusebius at se og finder ham snart værdig til at vorde hendes skriftefader. En bedre kunne hun ikke have udvalgt sig: inden år og dag viste sig frugten af deres andagtsøvelser, et pigebarn. - Det samme betroedes skovfogden ved Høstemark til pleje, voksede og blev smukkere, end somme tider gavnligt er for en femten års tøs.

Som jeg nu videre skal fortælle: der havde Lindenborgs Messalina en halvbroder, langt yngre end hun og langt bedre af sind og tænkemåde. Det gik nu så, at han besøgte Lindenborg, hvor han snart kom til at holde mere af svogeren end af søsteren. Han var jo en tysk adelsmand fra røver- og riddertiden, og på det jyske slot, førtes der "ein freies leben" - (undtagen i oublietten) - det behøver ikke at males, for man har malerier nok i den genre, og de er brogede nok.

Vildsvin og andre vilde dyr, såvel som vilde mennesker, var halvøen dengang vel forsynet med. Vildt udæsker til jagt. Dens våben var endnu de gamle: bue og spyd; thi vel var krudt opfundet af den sorte munk; men det brugtes kun til morterer og kanoner.

Junker von Linden blev på en jagttur skilt fra sit følge og forvildede sig (Det samme hændtes kong Henrik den Fjerde.). Sulten, tørstig, træt og gnaven støder han på skovhuset, går derind og får lind for alle sine mangler. Else - således hed hint elskovsbarn - var elektromagnetisk og virkede i denne egenskab på junkeren; der blev straks rapport imellem dem, men!!!---

Man må kalde det, hvad man vil: kyskhed, blyhed, klogskab, listighed; men dersom Evas døtre ikke var så tilbageholdende, som Adams sønner er fremfusende, da var verden for længe siden blevet splittergal. Vor junker var nær ved at blive det, da hans storme, en efter den anden, afsloges.

Dog opgav han ikke belejringen, men betroede søsteren sin nød. Da hun var et af de yderst sjældne mennesker, som elskede det onde for dets egen skyld, lagde hun ham straks en plan til at bortrøve pigen og få hende således i sin magt, at hun måtte blive tvunget til at kapitulere. Dette forslag oprørte hans ufordærvede sind, og hans skarptbebrejdende afslag slog af søsteren et smil, der havde så meget giftigt i sig, at han uvilkårlig gøs og, uden at mæle, forlod hende.

Da han var borte, nikkede hun, ikke med smilende mine, men med et åsyn, som når hun havde tillåset oubliettens dør.

Vor junker ilede til den elskede og fortalte hende rent ud, hvad den onde søster havde tilrådet ham; men lagde til, at når hun ville tage ham til ægtemand, var han dertil straks beredt og derpå forberedt, så snart en gejstlig kunne formås til at forrette vielsen.

Pigens glade tanker faldt i øjeblikket på pater Eusebius. Denne kom nemlig imellem i skovhuset for at se til sin datter, hvem han virkelig elskede, men med en renere kærlighed end den, der havde givet hende tilværelse. Dog røbede han aldrig for hende, hvor nær de var beslægtede, men angav som årsag til hans ømhed for hende, at hun var hans, formedelst en mislig sag, bortrømte broders barn.

Sådant troede vel plejeforældrene ikke, men vogtede sig nøje for at ymte herom til datteren; præstemagten var endnu dengang en frygtelig bussemand.

Hun betroede sit hjertes anliggende til Eusebius, hendes formentlige farbroder. Denne viste sig også villig til at opfylde hendes ønske; men da han ret godt kendte fruen på Lindenborg, indskærpede han hende den yderste forsigtighed og forestillede hende nødvendigheden af en ligedan hos kæresten.

"Men når I nu er forenede, hvad så?" spurgte han, "og hvorhen så?"

"Til min kærestes søster, tænker jeg," svarede hun.

Munken virrede med sit skaldede hoved og sagde mørkt:

"Den vej var den allerværste, som vælges kunne. Du bliver her for det første, min datter; og din mand aflægger dig sine lønlige besøg som en tyv om natten. Men mærker I uråd, og at hun på Lindenborg har fået nys om Eders forbindelse, så må I øjeblikkelig gribe flugten."

"Gud hjælpe os! Hvorhen?" udstødte hun skælvende.

"Når I," svarede han, "kan finde Eder i at leve ene to, adskilte fra alt menneskeligt samkvem, uden at se andre end mig og en til, da skal jeg sørge for et fristed, hvor ikke engang en ræv skal opsnuse Jer."

Pigen greb hans hånd og kyssede den, hendes tårer vædede den.

"Men," sagde hun, foldende sine hænder, "kan en kvinde da være så grusom mod sin egen broder?"

"Mit fromme barn!" svarede han, "se dig omkring på alle disse træer og vækster: alle sammen har de grønne blade, smukke blade; men pluk nu et af hver og læg dem ved hverandre! Du vil ikke finde to ligedanne, hverken af skikkelse, farve eller smag. Således går det og med os mennesker: om vi var tusinde millioner, ikke tvende ville findes ens i sind eller skind. Dette nældeblad der har i figuren lighed med denne her plantes, men det er mørkere, det har brodde, det brænder dig. - Hun, jeg advarer dig for, er en brændenælde."

Som han havde udtalt sine sidste ord, kom elskeren belejligt til og blev nu ligeledes underrettet om det glædelige, som fader Eusebius nyssen meddelte kæresten, lige til advarslen mod den farlige søster. Denne var allerede blevet overflødig.

Ved hans tilkomst viste hans ellers stedse åbne og livlige ansigt en urolig mørkhed, som flygtigt smittede pigens; men den unge mands ville ved trøstens og håbets lysende stråler endnu ikke fuldkomment lade sig udglatte.

Grunden til denne hans ualmindelige forstemthed blev naturligvis efterspurgt, men ikke forklaret. Fortælleren her, som kender den, afholder sig fra for skikkelige menneskers øjne at fremstille noget, der, hvis vor junker ikke som Joseph havde revet sig ud af garnet, skulle styrtet ham i en fortvivlelse lig den, for hvilken en israelitisk kongesøn gjorde sin søster til offer.

Abbeden grublede nogle øjeblikke, ikke ret mange; da indesluttede han parret i sin favn og sagde:

"Med Eders forbindelse har det stor hastværk; endnu i denne dag må I forenes for tid og evighed og jo før jo hellere skjule Eder så længe, til I bliver i stand til at forla-

de denne giftige bund. En dag, højst to, tøver I hos skov-
fogdens; han røber Eder ikke, hans kone lige så lidt; for
de tør ikke. Min søn!" - han lagde hænderne på hans
skuldre - "du kender ikke den skat, jeg i dag skænker dig -
det er hende, der står! Lad den ikke stjæles, ikke røves dig
fra! Se til, du kommer vel og snart fra borgen! Har du
mere, end du på én gang kan bære, skal jeg sende dig ved
natten en tro, tavs og forsigtig klosterbroder, som kan
hjælpe dig at bjerge det. Hold så dig selv og din hustru
inden hine vægge, indtil jeg får indrettet til Eder andet-
steds."

Sildigt på aftenen sneg sig den unge mand ind i slottet,
uden for hvilket klosterbroderen allerede biede efter ham;
- indgang, udgang, bjærgning, alt gik heldigt, men — ikke
ganske ubemærket: Messalinas da for tiden opvartende
kavaler, ridefogden, nys kommen i tjeneste - havde for-
nummet noget til den natlige færdsel; og da junkeren næ-
ste dag savnedes, og søsteren lod anstille undersøgelser,
fik hun af fogden den underretning, at han i en frastand
havde skimtet noget levende, som skred fra gården af
øster på.

Nu måtte han fungere som spion alle vegne på den kant.
Efter generalindens ordre forklædt som natmandskælling
og med et tørklæde bundet om nederste del af hovedet, for
at skjule skægget, tiltrådte han sin værdige bestilling.

Efter at have set og hørt sig for i store og små gårde
med enstedhuse, kommer udsendingen også til skovhuset
et par dage efter den stille, glade, lønlige vielsesfest. Den
lyksaliggjorte ægtemand går just gennem køkkenet, hvor
tiggersken sidder, og bliver straks opmærksom på hendes
mandige ansigt og firskårne legeme.

Han standser og spørger: "Hvad er du for en karl?"
Dette "karl" slog denne her kumpen; dog tabte han ikke
hovedet, som frankeren siger, men svarede på jysk bon-

demål, at hun var en fattig enke der og derfra og bad om noget i Guds navn.

Junkeren greb i lommen og gav et par skillinger, men kom derved spionen så meget nærmere, at han tydelig så på de øverste sortprikkede kindbakker, at de nylig måtte være ragede.

”Gå til bekendelse!” råbte han og løftede hånden, “og sig straks, hvem du er, og hvad du har her at bestille!”

“A hår ett ant å bestell,” svarede skælmen, “end å be om nød, - han sie så wes o mæ, fåde A hå let skjæg, men vel han ænnele veed hwofor, da ær ed, fåde A desvahr ær en hwærken.”

Junkeren forstod ham ikke, men skovfogden var nu just kommet til.

”Pfui!” udsprudede denne tyskfødte, “ein zwitter!” snurrede sig om og ud af køkkenet, junkeren efter ham.

Som de keg ud af stuevinduerne efter den mandhaftige tiggerkvinde, siger skovfogden:

“Hun ta’er for lange skridt til at være et kvindfolk; det er vist en forklædt gavtyv. Skal vi ikke trække tingesten ind igen og holde skarpt forhør? Jeg ynder ikke sådanne øjne.”

“Lad‘en være, hvad‘en er; det kan være mig lige meget,” var svaret. Den anden virrede med hovedet og brummede:

“Vi vil lukke tættere, end vi sædvanlig plejer; hav Eders spyd og jagtkniv på rede hånd nær ved sengen! Vi kan gerne få en urolig nat.”

Den fik de. Ved midnatstid, da de nygifte lå sødelig indslumrede, pikkedes hurtigt og stærkt inde fra skovfogdens sovekammer. Den unge kone, som var mere lydhør og letsøvnet end manden, fornam det og vækkede ham. Han sprang op, hans blik faldt på vinduet, hvorfra i samme øjeblik noget mørkt nedgled. Han greb spydet i den ene hånd, tog kniven i den anden, keg og lyttede. Han opdagede gennem skumringen fire mænd, som hviskede ivrigt til hverandre og derpå nærmede sig vinduet. Et brækjern anbragtes, og vinduet opreves.

Tyskerens hjerte sad, hvor det skulle sidde: på den nærmeste indbryder kløvede han hovedet, gennem den næste jog han sit spyd; de to andre forsvandt. Nu kom skovfogden til, men for silde til at yde bistand, da han ikke før havde fået noget om sig og fundet et værge.

Den spydstukne havde så meget liv tilovers, at han kunne sige, hvo der havde udsendt dem for at fange og føre de nygifte til det skumle Lindenborg.

"I nat," siger skovfogden, "bliver vi nok sikre, men inden den næste må I være herfra."

"Hvad skal vi gøre ved de døde?" spurgte junkeren.
"Begrave dem," svarede hans brave vært, "her nær ved i skoven er en ulvegrav, der kyler vi dem ned, lidt jord og tørre grene ovenpå; lad så disse ådsler ligge til dommedag."

Da de ville til at slæbe ligene hen til den grav, der egentlig var bestemt for rovdyr, så de, at den foregivne hverken var den ene, endnu iklædt sin maskeradedragt; hun kom snart til at blive den andens bestandige kontubernal.

Kærlighed i Vildmosen II

Det strøg, i hvis midte Vildmosegaarden nu befinder sig, var højt op i tiden en ukendt halvø mellem sumpe, sommergræsgang alene for skovens vilde dyr. Men efter at Høstemark var bygget og dens omliggende fastland opdyrket, trængte først jægere syd ud gennem urskoven; og med disse siden efter hyrder og fæhjorde.

I lange tider gjorde ulve endnu munkene herredømmet
stridigt: jægere og hunde måtte beskytte den græssende
hjord og med dagligt besvær udføre og hjemdrive det
tamme kvæg.

Da fandt endelig en klosterbroder på, at der skulle byg-
ges våningshytter og nøds derude, og som tænkt så gjort. I
over hundrede år havde her een anakoretisk hyrde afløst
den anden. Dette dyriske ministerskifte foregik hvert tred-
je år: længere ensomt liv ansås utjenligt både for eremit-
ten og for munkenes spisekammer; det var nemlig alene
stude, der blev først vinterfodrede og derefter græsfedede.
Ved afløsningen fik gerne formanden, når han havde pas-
set sin dont ærligt og troligt, en bedre og rosommere stil-
ling i klosterets nærhed.

Det var en smuk septemberdag - en af dem, da det hver-
ken er for varmt eller for koldt, men lige tilpas.

Den brave tysker - jeg tror han hed Gøtz - havde ved
skovfogdens medhjælp på den søndre ende af det beboeli-
ge landstrøg mellem Vester- og Øster-Vildmosen fået
indrettet en hytte, eller med gammelt tømmer indvendig
beklædt den, og udvendig med mønnetørv, hvilket i fra-
stand gav den udseende af en stump dige. Her tilbragte
manden og konen deres honningmåned (som briten siger,
og som lyder sødere end vore "hvedebrødsdage").

Kun fra østsiden vidste en og anden jæger at finde
gangvej over til øen; den havde pater Eusebius også ladet
sig vise; derfor kunne han også vejlede det elskende par,
skønt tvende rådner (rødner i almuesproget), for brede til
at springe over, gjorde det nødvendigt at lægge fjæl fra
tue til tue.

Lindenborgs Messalina havde siden halvbroderens flugt
ikke været ledig; hendes ridefoged fik befaling at spejde,
og det gjorde han med så megen flid og fremgang, at han
kunne aflægge beretning om det, vi allerede ved, på Ere-
mitagen og dens beboere nær.

Hendes nåde gjorde kort efter en ridetur med sin cavali-
ere servante hen mod vestkysten af mosen, vi ved nok. Da
opdagede hun på Vildholmen den nye grønne forhøjning;
og som de onde er almindeligen meget opmærksomme -
ligesom rovdyrene - vender hun sig halvt på hesten til sin
bagved ridende kammerjunker, peger ad forhøjningen og
siger:

"Hvad er det? Jeg har aldrig set det før."

"Jeg ikke heller," svarer han; "men har her været men-
nesker, så kan her vel være endnu."

"Det må vi have efterset!" sagde hun hurtigt, men lagde
summende til: "Det skulle dog aldrig være min broder?
Han forsvandt med et og er ikke set af noget menneske -
kan vi ikke ride derover?"

"Ikke fra denne kant; men fra den anden side kan det
være muligt at gå eller hoppe over på tuerne." "Et eller
andet sted må de der have humpet over; lad os ride om-
kring og se ad!"

De red sønden om langsomt og besværligt, så ingen
rimelig overgang, henvendte sig derfor til beboerne i
Dokkedal, hvor de fik den underretning, at det ikke var
muligt til fods at komme over, undtagen på et strøg, som
kun jægere kendte.

"Skaf os fat på sådan en!" råbte hun.

"Ja så må vi tilbage og syd om mosen!" svarede han.

Det gik langsomt, men ikke lysteligt. Fruen skældte og
smældte; dog derfor gik det ikke raskere.

Endelig blev man en mand med bøsse var; man gjorde
tegn og stræbte hen til ham.

"Åh! Vis os, hvor vi kan komme histover," sagde hun.

"Hvad vil I der?" sagde jægeren. Derover kan Fanden
ikke ride; og gå, det skal være om vinteren i stærk frost.
Nu måtte I have seks alens fjæl med, for at komme over
rødnerne, for dem kan hun ikke skræve over."

"Så skaf mig en fjæl og vis mig af sted på dette fordømte morads!"

Jægeren satte bøssen til foden og sagde: "Hvem er hun ellers?"

"Jeg er fruen på Lindenborg," hvinede hun og satte hænderne, ikke just i siderne, men på grebene af to dolke, som sad der i bæltet.

Jægeren blev forskrækket ved at høre, hvem han havde for sig.

"Nu skal jeg straks være her igen med fjælen," sagde han ydmygt og løb hen til det nærmeste hus, fra hvilket han snart medbragte brættet.

Nu bad han begge stå af hestene, for hvilke han lovede at sørge, indtil man kom tilbage. Derpå førte han dem hen til fodstien over mosen, flyede ridefogden brættet og gav ham fornøden underretning om dettes brug over rødnerne. Nu skred begge af sted, han foran. De kom til den første. Han anbragte den smalle bro, gik først over, hun bagefter. Man kom til den anden mudderkanal. Også denne passeredes lykkeligt - af ham; men da hun kom midt på fjælen, vippede den, og hun faldt i pølen, og under skrigen om bistand, som fogden enten ikke kunne eller ikke ville yde, sank hun ned i pludderet og er ikke siden kommet op: Vildmosen blev hendes oubliette.

Dette blev snart bekendt. Den fromme Eusebios førte straks sin datter og svigersøn ind på Lindenborg, hvor de skal have levet i mange år, men omsider være nedlagt i kirkegårdens oublietter, uden efterkommere.

Den 14. oktober 1961

Jeg er blevet foræret en gammel avis, Aalborg Amtstidende fra lørdag den 14. oktober 1961. Den indeholder et lille stykke om prinsesse Dagmars forestående begravelse, som allerede er blevet nærmere omtalt, men ellers er det en helt tilfældig avis fra dengang en ny NSU Prinz kunne købes for 10.993 kr. incl. leveringsomkostninger. Aalborg Amtstidende var jo landmændenes foretrukne nyhedsorgan, og i denne tilfældige avis er der da også flere annoncer for diverse landbrugsredskaber og for den populære Massey-Ferguson traktor.

Fra den senere Sejlflod Kommune er der ikke meget lokalnyt at hente i avisens spalter, men pudsigt nok er der netop en overskrift, der hedder traktordemonstration, hvor vi kan læse følgende stykke: "Traktordemonstrationen i går på Refsnæs ved Komdrup hos godsejer R. Westenholz var begunstiget af det smukke efterårsvejr, og fra hele Østhimmerland var folk strømmet til for at overvære demonstrationen. Det var maskinfirmaet Bukh fra Kalundborg i samarbejde med Brødrene Nielsens Maskinfabrik i Bælum, der var arrangør af demonstrationen, som viste pløjning med tre store Bukh-traktorer, den ene med en seksfuret plov, den anden med en firefuret plov og den tredje med en trefuret plov."

Der var kun godt et par uger til skiftedag, den 1. november. Derfor kan det heller ikke undre, at vi møder et par lokale stillingsannoncer: "Flink karl, 17-18 år, kan få plads 1. november. Toft Knudsen, Sejlflod. Telefon Storvorde 38." Det var en neutral annonce uden større falbelader, men enkelte andre annoncører benyttede som lokkemiddel, at der var varme på værelset. Der var da forhåbentlig varme på de fleste karlekamre i 1961, selv om det ikke skrives.

I en anden annonce kan vi læse: "Flink, ung pige, 14-15 år, kan få plads 1. november, Gerda Nielsen, Kongstedlund Avlsgaard, tlf. Kongerslev 14." Også andre søgte piger i denne aldersklasse, men her har vi dog en epoke, der var ved at synge på sidste vers, og det samme gælder for øvrigt for karlenes vedkommende. Danmark var på vej mod velfærdssamfundet, hvor børnene fik lov til at gå flere år i skole og til at få en uddannelse.

Med landbrugets stigende mekanisering og med de elektriske hjælpemidlers indtog i hjemmet havde landbruget også i langt mindre grad end tidligere behov for den unge arbejdskraft. Forskellen fra 1961 og til nu er stor, men hvis vi går tilbage til tiden omkring år 1900, var forholdene for alvor barske. Jeg har redigeret mange interviews med ældre mennesker, hvor de har kunnet fortælle, at de allerede var kommet ud at tjene hos fremmede som 6-årige, og en enkelt endda som 4-årig. Sådan en lille stakkel kunne sagtens gøre gavn for føden ved at vogte gæssene.

Forskellen mellem før og nu kan måske karakteriseres på den måde, at hvor børnene tidligere fra ganske små blev opdraget som voksne i en miniatureudgave, så prøver man efter bedste evne i nutidens fritidssamfund at bevare barnet i den voksne.

Nå, dette var et lille sidespring. Avisen havde også under rubrikken SØFART en annonce for Hals-Egense Færgen, der var blevet indviet samme år. Ved indvielsen sang man for øvrigt den smukke sang på næste side, der er skrevet af Knud Fogt.

Forårssolen synker stille
(Mel.: Fjäriln vingadsyns på Haga (Bellman))

Forårssolen synker stille
ned bag mosens tavse rand,
og i øst med kærtegn milde
kysser havet Mulbjerg strand.
Milevidt vort øje skuer
imod syd og vest og nord,
medens solens sidste luer
blinker i den blanke fjord.

Hvide kirkemure bringer
bud fra Hals til Himmerland,
hver gang aftenklokken ringer
venligt over fjordens vand.
Men når mørket jorden binder,
tænder Egense sit fyr,
som en mø med karske kinder
blinker det til hav og myr.

Fiskerbåden årle iler
ud til Nordmandshages grund.
Drengen til sin skipper smiler -
morgenstund har guld i mund.
Forårssolen stiger stille
op av havets gyldne rand.
Lærken slår sin viltre trille
over Hals og Himmerland.

Knud Fogt.

Priser på fast ejendom omkring 1930

For at belyse priserne på fast ejendom før i tiden er der i det følgende fremdraget nogle eksempler fra ejendomsmægler Peter Poulsens kommissionsbog. Peter Poulsen boede i Kongerslev, men han havde hele Østhimmerland som sit virkefelt. Her arbejdede han som ejendomsmægler fra midten af 1920'rne og frem til begyndelsen af 1960'erne. Han døde i 1968. Alle de viste eksempler er fra omkring 1930.

SKANSEGÅRDEN i Egense.

110 tdr. land. Nye bygninger. 40 kreaturer, heraf 20 malkekøer, og 6 heste.
28.000 kr. i kreditforeningslån, 9000 kr. i hypotekforeningslån. Pris 60.000 kr. Udbetaling 10-15.000 kr.

AFHOLDSHOTELLET i Storvorde.

24 år gammelt. Rummelige bygninger med træhandel.
11.000 kr. i lån. Pris 25.000 kr.

SVANHOLMSMINDE i Svanfolk.

75 tdr. land, heraf 18 tdr. land kær. Nye bygninger. 28 malkekøer, 12 ungkreaturer, 4 heste, 25 svin. Godt besat med maskiner og avlsredskaber.
Et lån på 40.000 kr. i Landbosparekassen. Pris ca. 85.000 kr. Udbetaling 25.000 kr.
Peter Poulsen solgte Svanholmsminde for 78.000 kr.

SEEFELDTSLUND ved Kongerslev.

38 tdr. land, heraf 10 tdr. land kær. Nye bygninger. 10 køer, 7 kvier, 1 tyr, nogle kalve, 2 heste, 25 svin. Godt besat med maskiner og avlsredskaber.

Et lån på 23.000 kr. i Landbosparekassen. Pris ca. 55.000 kr. Udbetaling 15-20.000 kr.

Peter Poulsen solgte Seefeldtslund i 1931 for 41.000 kr. Det har sikkert været uden besætning.

FRIHEDEN pr. Gudumholm.
21 td. land. Nye bygninger, 8 køer, 2 kvier, nogle kalve og 3 heste. Godt besat med maskiner, vindmotor og kværn. 13.000 kr. i kreditforeningslån, 7.000 kr. til privat. Ejendomsskyld 18.000 kr. Pris 35.000 kr. Udbetaling 10.000 kr.

Niels Andersens KØBMANDSFORRETNING i Storvorde.
10.000 kr. i kreditforeningslån. 45.000 kr. i omsætning. Pris ca. 30.000 kr. Udbetaling ca. 6.000 kr.

GÅRD på Storvorde Østerenge.
40 tdr. land mark, 2 tdr. land tørvemose. Nye bygninger. 8 køer, 1 tyr, 2 kalve, 14 polte, 3 søer, 1 orne, 2 heste. Godt besat med avlsredskaber.
Et lån på 14.000 kr. i Sparekassen, 2.500 kr. i hypotekforeningslån. Pris 36.000 kr. Udbetaling 15.000 kr.

BRØNDBJERGGÅRDEN i Egense.
75 tdr. land. Gode bygninger. 35 kreaturer, heraf 17 malkekøer, 60 svin, heraf 4 søer med grise og 17 fedesvin, 5 heste. Alt i maskiner.
20.500 kr. i kreditforeningslån. Pris 42.000 kr. Udbetaling 8-10.000 kr.
Kan også købes med 50 tdr. land for 33.000 kr.

Vagabond i 1825

I første halvdel af 1980'erne blev jeg af nu afdøde Steffen Ertbøl, Århus, overdraget nogle udskrifter, som han havde foretaget fra diverse protokoller, der befinder sig på Landsarkivet i Viborg. Blandt udskrifterne var et uddrag af Voer og Nim Herreders politiprotokol fra 1825. Det drejer sig om et politiforhør over en vagabond, som var født i Gudum i 1776. Her følger forhøret i let omskrevet form:

Den 7. september 1825 blev forhør optaget på herredernes kontor over en i Nebel Sogn anholdt og hertil indbragt vagabond. Han forklarede, at hans navn var Søren Nielsen, 53 år gammel, født i Gudum, Gudumlund Gods, Aalborg Amt. Hans fars navn var Skrædder Niels, hans mors Margrethe Pedersdatter. Begge er døde. 10 eller 11 år gammel mistede han sin far, og hans mor giftede sig da med husmand Christen Pedersen fra Nr. Kongerslev, med hvem hun flyttede til Romdrup, og der opholdt Søren Nielsen sig, indtil han blev 22 år.

Derefter har han tjent forskellige steder, men han kan ikke huske dem alle. Som sine sidste pladser opgiver han at have tjent 1 1/2 år som røgter hos baron Juel på Refsnæs. Herefter 1 1/2 år i Skelum Præstegård, så 1 1/2 år på Visborggaard, dernæst i 1/2 år på Havnø, og herfra kom han atter til Visborggaard. Denne gang rejste han dog i utide, fordi en dreng med urette havde anklaget ham for at have slået sig.

Siden den dag har han gået landet rundt og betlet, fordi han var svagelig og havde et dårligt syn. Han ville ikke blive på sin fødeegn, fordi der her gik så mange omkring, som han frygtede for at komme i selskab med, og han har drevet om uden at vide hvorfor, indtil han nu var blevet pågrebet. Han påstår, at han ikke har begået nogen forbrydelse eller andet ulovligt ved at betle.

Han er lille af vækst, stærk af bygning, har lyst hår og blå øjne og var ved pågribelsen iført en laset, blå vadmelskjole, 2 ditto uldne strikkede nattrøjer, et par lange lasede vadmelsbukser, samt noget laset linned, sort hat på hovedet og bare ben.

Senere ændrer Søren Nielsen forklaring flere gange angående sine opholdssteder, og det kommer bl.a. frem, at han også har været gift og boet 7 år i Lerup i Hjørring Amt. Han hævder dog, at han kun selv har opholdt sig 2 år i Lerup Sogn, medens han i de øvrige 5 år har tjent andre steder. Han siger, at han blev skilt fra konen, fordi hun var ham utro, og siden den tid har han været forvirret i hovedet og gået fra sted til sted.

Fra præsten i Skelum og Visborg Sogne kom der en erklæring om, at når Søren Nielsen blev urolig i hovedet, havde han for vane at forlade sin tjeneste for at søge tilbage til en af sine barndomsbyer, enten Gudum eller Romdrup. Han havde således aldrig nået at opholde sig så længe i præstens sogne, at han var blevet forsørgelsesberettiget, og her har vi netop humlen i hele historien. Den omstrejfende betler skal sendes tilbage til det sogn, hvor han er forsørgelsesberettiget, men ingen ønsker at erkende sig dette ansvar, da det jo uvilkårligt vil være forbundet med udgifter. Derfor er det så vigtigt for politiprotokollen at få fastslået hans forskellige opholdssteder.

Steffen Ertbøl har ikke forfulgt sagen, og i grunden er det vel også ligegyldigt, hvorhen staklen er blevet sendt. Tilsyneladende var Søren Nielsen jo altså ikke helt velforvaret. Her kan vi som et kuriosum konstatere, at han opgiver sin alder forkert. Han blev nemlig i følge kirkebogen født den 16. februar 1776 og kan således kun have været 49 og ikke som opgivet 53 år ved anholdelsen i 1825, og ligeledes var han kun 8 og ikke som angivet 10 eller 11 år ved faderens død. Dette bør vi dog måske ikke hæfte os så meget ved. For halvandet hundrede år siden var der mange, der ikke kendte deres egen nøjagtige alder, hvilket kan konstateres både i kirkebøgerne og folketællingslisterne.

Som vagabond og betler hørte Søren Nielsen til blandt de allerfattigste i samfundet, men vi kan trods alt konstatere, at han ikke havde valgt sin livsform, fordi det havde været ham umuligt at tjene sin føde på anden vis. Vi ved imidlertid fra andre kilder, at der var mange fattige i den senere Sejlflod Kommune. Følgende citat, der stammer fra en tekst, der blev oplæst ved kirkestævne i Mou i 1842, taler således sit eget tydelige sprog:

"I følge anordningen af 13. august 1841, § 20, skal sogneforstanderskabet søge at forhindre betleri og løsgængeri, og dermed understøtte sognefogederne i opfyldelsen af de disse påliggende pligter. Til den ende opfordres hermed enhver, der træffer på omvandrende betlere her i sognedistriktet, at anholde sådanne og anmelde deres anholdelse enten for den nærmeste sogneforstander eller for sognefogeden eller for formanden i sogneforstanderskabet. Også gøres enhver hermed opmærksom på, at han vil blive draget til ansvar - efter anordningerne - dersom han huser betlere eller løsgængere. Det vil være så meget mere nødvendigt for Mou Sogn at gribe kraftige forholdsregler i henseende til fremmede betlere, som alle nabosognene, så vidt vides, er enige om at forhindre samme for deres vedkommende. Allerede er en trængende mand fra vort sogn blevet transporteret her hjem fra Fræer Sogn. Derimod er sogneforstanderskabet enigt om, at det ikke skulle formenes trængende af vort eget sogn, og som kan få lidt understøttelse af fattigvæsnet, at gå omkring og bede om brød. Og vi antager, at de fleste er enige med os, hellere at give brødet til vore egne, der er os nærmest, end til fremmede os aldeles ubekendte personer, om hvis trang og værdighed man som oftest intet kan vide."

En underlig mand

I dag er der ikke ret meget spræl over vore politikere. Ja, de fleste er vel endda ret kedelige. Partidisciplinen og fjernsynet har været med til at skabe en ensretning, hvor der kun i beskeden grad er blevet levnet plads til de mere farverige individualister. En mand som Mogens Abraham Sommer, der i 1869 forsøgte at tage kampen op mod Søren Bach fra Gudum om at blive Bælumkredsens repræsentant i folketinget, vil være helt utænkelig i dagens Danmark. Følgende beskrivelse er hentet fra Alexander Rasmussens bog Bælumkredsens politiske Historie 1848-1915:

"Husejer Mogens Abraham Sommer af Nørre Uttrup, vel nok den mærkeligste valgkandidat, der nogensinde har stået på tribunen i Bælum, var født i Ribe 1829 som søn af en toldbetjent. Han kom i snedker- og senere i skrædderlære; men den begavede unge mand higede højere; han blev så skriver på et kontor, forberedte sig i sin fritid med lærergerningen for øje og blev, efter at have aflagt en prøve for Sjællands biskop (Mynster), lærer og kirkesanger i Rørvig, annex til Nykøbing S. Her begyndte på een gang hans religiøse vækkelse, der stammede fra læsning af S. Kierkegaard, og hans oppositionelle sind at give sig uheldige udslag. Han optrådte som lægprædikant og var ubehagelig mod præsten. Strid med denne blev følgen, og Mogens Sommer fik, på en efter hans egen mening højst uretfærdig måde, sin afsked 1853. Snart lykkedes det ham dog på ny at komme ind ved skolevæsenet, denne gang i Haderslev; men også her kom han i strid med gejstligheden, der vakte hans forargelse og bitre had, og som til gengæld i ham så en øjenskalk og en folkeforfører af den væmmeligste art. Han blev atter afskediget 1856 og virkede nu i en årrække som vandreprædikant op igennem Østjylland, ja over hele Danmark. Forfulgt af øvrigheden

for sin ophidselse af befolkningen mod gejstlige og verds-
lige autoriteter samt for sit kvaksalveri dreves han mere
og mere ud i yderligheder. De sværmeriske syner, som
han har nedskrevet i sine livserindringer, tyder på, at han
har været en hysterisk, halv forrykt mand. Han havde
store gaver til at vække, - i hvert fald til at vække opsigt,
men evnede ikke at organisere sine venner, nogen egentlig
menighedsdannelse efterlod han sig derfor ikke. For øv-
rigt blandedes hans religiøse prædiken, som meget ligne-
de, hvad vi nu kalder Indre Mission, efterhånden med
radikale, republikanske og socialistiske teorier, alt ganske
uklart. Hans modstandere antydede, at han tillige var
mormon.

Det af baptistiske og mormonske prædikanter allerede
tidligere gennempløjede Himmerland, hvor kirkens abso-
lutte autoritet for længst var rokket, var netop det passen-
de sted for en mand som Mogens Sommer. Han havde i
60erne bosat sig i et hus i Nørre Uttrup ved Nørresundby
og syntes at ville gøre Nordjylland til sit egentlige virke-
felt. I Bælumkredsen, særlig i Gunderup, Nørre Konger-
slev og Komdrup Sogne, havde han ikke få tilhængere,
som så en fuldstændig profet i ham og intet mere ønskede
end at få en sådan åndelig kraft ind på rigsdagen."

Det sidste kom han nu ikke. Søren Bach blev valgt med
380 stemmer, men med 160 stemmer fik han den bedste
placering blandt de øvrige kandidater.

I 1872 forsøgte Sommer sig igen i Bælumkredsen, og
denne gang nåede han op på 259 stemmer, men da Søren
Bach samtidig fik 631 stemmer, var der atter tale om et
nederlag.

"Om Mogens Sommer, som med dette valg gik ud af
Bælumkredsens saga, skal kun meddeles, at han i det føl-
gende år ved opløsningsvalget den 14de november 1873
gjorde et desperat forsøg på at fortrænge Nørresundby-
kredsens folketingsmand, en storbonde fra Kjær Herred,

Jens Jensen, Starbæk, men kun kunne mønstre 7 stemmer. Nu opgav ham sine politiske aspirationer, kastede sig med fuld kraft over sin tidligere begyndte virksomhed som udvandringsagent og kom først mange år efter, som en gammel, fattig mand, tilbage til Aalborgegnen. Hans engang så omstridte navn var nu så godt som glemt. Kun hist og her sad en gammel bonde og rugede over de sære tanker og de små medicinflasker, han havde fra Sommers tid. Missionæren selv døde upåagtet i Aalborg den 5te februar 1901."

Som afslutning på denne artikel skal det imidlertid nævnes, at Mogens Abraham Sommer ikke var det eneste udefra kommende uroelement, der i forrige århundrede berejste vore sogne for at agitere for en eller anden nystartet bevægelse. Baptisterne og mormonerne er allerede nævnt hos Alexander Rasmussen, men vi kan da også omtale ildsjælen fra den sjællandske bondevækkelse, den politiske agitator Rasmus Sørensen fra Venslev, som besøgte egnen flere gange i 1840'rne. Han tænkte sågar på at lade sig opstille som kandidat i Bælumkredsen.

Et øjenvidne giver følgende skildring fra et møde i Skibsted, hvor deltagerne muligvis var blevet trommet sammen i al hast: "Rasmus Sørensen stod oppe på en vogn midt i en gårdsplads og talte, medens bymændene sad omkring ham på bøgekævler, brændestabler og trillebøre."

Også Friedrich v. Buchwald skriver om disse omrejsende agitatorer, og det var i slutningen af 1700-tallet. Han siger endda ligefrem om dem, at de "lever af at sammenhidse folk." En af disse "rabulister" havde således under falske omstændigheder trængt sig ind på Gudumlunds bønder. Først udgav han sig som herredsfuldmægtig og siden som kongens prokurator, der var specielt udsendt for at beskytte de underkuede bønder mod godsejerens modbydelige overgreb. Men her var den gode agitator gået helt forkert i byen. Hans talegaver kunne ikke skaffe ham medvind på Gudumlund, hvor bønderne kunne se, at Buchwalds reformer også var til deres egen gavn.

Småpluk fra Lille Vildmoses historie

I Stenalderhavets tid var Lille Vildmose ikke mose, men dækket af Litorinahavet med enkelte småøer, bl.a. Muldbjergene. Den gamle kystlinje kan endnu ses mellem Gudumholm i nord og Havnø i syd. Den markeres af Ertebølletidens skaldynger.

På bunden. af dette hav aflejredes efterhånden sand og ler, men efterhånden som vandet trak sig tilbage og landet hævede sig, blev der strandvolde både mod syd og nord fra Muldbjergene ved den nuværende kattegatkyst.

Der blev dannet det, man kalder en brakvandslagune med forbindelse ud til det salte hav.

Landhævningen fortsatte, og den bevirkede, at den store brakvandslagune efterhånden blev til en ferskvandssump bevokset med tagrør, således at de store områder næsten blev tørlagt.

Omkring Kristi fødsel bosatte der sig mennesker på disse forholdsvis tørre steder. Disse mennesker søgte at opdyrke den meget sure jord. Dette var jernalderbonden. Men undersøgelser viser, at mennesker kun beboede mosen i 2-3 hundrede år. Dette ved man fra forskellige fund. Der menes at være flere grunde til, at folk søgte ud i den umulige mose, bl.a. overbefolkning og klimatisk dårlige år.

Omkring 400 år efter Kristi fødsel var der en meget regnrig periode, men afløbene hindrede dog, at vandstandene steg så meget, at mosen bredte sig ud over de skovdækkede arealer. Det var denne vandstigning, der tvang beboerne væk fra deres plads i mosen, men højmosedannelsens begyndelse var også skyld deri.

Næringstilgangen blev reduceret, og den egentlige højmosedannelse begyndte. Mostuerne voksede sammen til et stort tæppe. Dog var der fire små bakker, som mostuerne ikke kunne erobre. Disse bakker blev i stedet for omkransede af tuerne.

Det var fire øer, der lå midt i mosen. Disse øer blev til fire søer: Birkesø, Toftesø, Møllesø og Bettesø. Hvorfor vides ikke, men tagrørene kunne ikke vokse i disse søer, og der dannedes heller ikke dynd på bunden af dem, men den klareste søbund blev det.

Mosedannelsen fortsatte og nåede til sidst en højde, der ikke kunne suge mere vand til sig. Den fik en højde af ca. 5 meter. Mosen tørrede derefter ind. Hedelyngen kom og invaderede området.

Det vil sige, at da jernalderbonden omkring år 400 efter Kristi fødsel blev tvunget tilbage til fastlandet, lå mosen øde hen indtil midten af 1700-tallet. De omkringboende bønder har nok gravet sig ind i udkanterne af mosen, men dog ikke med tanke for at opdyrke den. Det var mere for at få tørv til brændsel og for at lade deres kvæg udnytte den smule næring, der kunne findes mellem tuerne.

*

I 1760 iværksatte ejeren, grev Moltke, arbejdet med at få de store søer tørlagt. Den praktiske side af sagen blev forestået af en mand ved navn Peder Beftoft. Man formoder, at Beftoft forlod Lille Vildmose igen i 1765. Han er i alt fald ikke død i Mou Sogn, da dette så ville have været anført i sognets kirkebog. Man går ud fra, at hans helbred til sidst blev så svagt, at han har måttet opgive sin anstrengende gerning. Hans videre skæbne kendes desværre ikke.

Peder Beftofts efterfølger blev Carsten Rehders fra Holsten. Man regner med, at han kom til mosen i 1765, da hans hustru dette år i følge kirkebogen fødte en datter.

Da Carsten Rehders kom til Lille Vildmose, var han en kraftig og handledygtig mand på kun 32 år. Han fortjener stor ros for sit lange og vellykkede arbejde. Da han var 34 år i mosen, må man gå ud fra, at han har været en god og tro tjener for baron Schimmelmann, som havde overtaget mosen efter købet af Lindenborg.

Ved opdyrkningen af de nu udtørrede søbunde viste det sig hurtigt, at de var helt overvældende frugtbare.

I en artikel om Vildmosegaardens oprettelse skriver den nyoprettede avis i Aalborg, "Jydske Efterretninger", den 20. november 1767, at "jorden virkelig synes at blive een af Jyllands aller ædleste og frugtbareste grunde."

At få lavet landbrugsjord af søbundene blev derfor Rehders opgave, så det blev en anden slags arbejde, end hans forgænger Beftoft havde givet sig af med. Nu stoppede kultiveringen af selve Vildmosen, bortset fra at der blev gravet nogle nødvendige grøfter.

Men de omkringliggende kærstrækninger viste dog, hvad mosen kunne gøres til, når den kom under dygtige landmænds hænder. Dette så man på et meget tidligt tidspunkt i den sydlige del af mosen, men også ude på Nr. Kongerslev Kær var der allerede dengang lavet et godt landbrugsarbejde i yderkanten af mosen.

Den 29. april 1767 søgte Schimmelmann om at få den planlagte Vildmosegaard gjort til en hovedgård. Den 20. maj samme år fik han bevillingen, men han havde jo også de rigtige forbindelser.

Den nye gård skulle ligge ved Tværkanalen, der gik gennem Møllesøen, i den ovale "søes" sydvestlige ende.

Schimmelmanns private bygmester, en Gottfried Friederich Schramm fra Wandsbeck skulle lede arbejdet.

Vildmosegaarden blev bygget over to år, 1767-68. Det meste af materialet blev sejlet til kysten ud for gården. Tømrerarbejdet blev udført af en L. P. Lienberg fra Aalborg for 450 rd. Murerarbejdet gik til en mand ved navn Christen Pedersen, som fik 1000 rd.

Vildmosegaarden blev bygget som en firelænget gård med stuehuset mod nord. Det var 50 alen lang og 21 bred. På et senere tidspunkt blev der bygget et stykke til i den vestlige ende. I dag står kun stuehuset tilbage af den oprindelige Vildmosegaard, som desværre brændte i 1875.

Men tilbage til gårdens oprindelige udseende! Mod øst blev der bygget to fæhuse hver på 115 alens længde og 16 alens bredde. Og mod syd blev der bygget en lade på 80 alens længde og 22 alens bredde (1 alen = 0,6277 meter). Fra begyndelsen var det meningen, at gården skulle være i bindingsværk (en smuk tegning og plan dertil findes endnu bevaret), men det var billigere at grundmure, og således blev det.

Foruden de nævnte bygninger blev der også bygget tre mindre, hvori der bl.a. var smedje og mølle.

Disse store flotte bygninger blev hurtigt fyldt op med besætning. Det ved man, da Rehders skrev til baronen: "at han til sommer håbede at nå et tal på 100 køer", dateret den 26. april 1768. Høsten var samme år i følge Rehders: "48 traver rug á 60 neg, 6 traver sommerrug, 98 traver byg og 110 traver havre. I umoden tilstand var desuden 18 læs rug, 2 læs sommerrug, 30 læs byg, 40 læs havre, 2 læs ærter og 154 læs hø."

Oprensningen af kanalerne og de nye grøfter mellem agrene skulle selvfølgelig fortsætte. Det var et arbejde, der krævede mange penge og et stort mandskab, og i den forbindelse gik baron Schimmelmann med den tanke, at han jo kunne sende straffefanger fra Tyskland op til

Vildmosen, men Rehders afviste tanken, som kan læses af følgende brev til baronen:

"Deres Excellence skriver, at De vil sende 100 slaver herop til foråret. Så gerne som jeg også ville at søen kom i stand, så ser jeg ikke, hvordan folkene her skulle få til livets ophold." (16. september 1768).

I foråret 1768 blev der beplantet omkring den nye gård, bl.a. blev en stor mængde pilestikninger sat, og begyndelsen til en storslået have blev gjort, og i tidens løb blev dette også til en stor, smuk og frodig have, rig på frugttræer. Alene af kirsebærtræer skulle der efter sigende have været 300 stk. Ved den nævnte brand i 1875 blev haven desværre også ødelagt.

Men nu tilbage til Rehders som efter 34 års arbejde ude i den vildsomme mose omkom på en sørgelig måde en eftermiddag i 1799. Mou Kirkebog beretter om hans død på følgende måde:

"Denne virksomme mand var om middagen, den 17. oktober 1799, gået ud at besigte hovedgrøften, der løber fra gården til havet. Da han nu var på hjemvejen, har han gået for yderlig ved pynten, hvor han gled med foden, faldt i vandet, og ulykkelig omkom. Han blev så hastig som mulig optagen, alle ved håndenværende midler anvendte, men livet var ikke at kalde tilbage. Efter al sandsynlighed har nok halsen været brækket i faldet. Han ligger nu begraven i en fra oldtiden muret grav i kirkegulvet, lige ud for den øverste korpille."

Efter Rehders død blev hans svigersøn Jens Fangel bestyrer og senere forpagter på Vildmosegaarden. I hans tid holdtes i en lang årrække en stor besætning af fintuldede får, men da der indtrådte stor dødelighed imellem dem, måtte "schæferiet" opgives.

Efter Fangels død i 1833 overtog hans svigersøn Michael Ravnborg, en bondesøn fra Solbjerg Sogn, forpagtnin-

gen, som senere igen overgik til dennes søn Carl Ravn-
borg, indtil gården brændte i 1875.

Ravnborgernes tid var en god periode for Vildmose-
gaarden. Alt trivedes og lykkedes for dem, så de endte
som ret velstående folk.

Det skal også nævnes, at den Ravnborgske periode er
blevet betegnet som et sandt eldorado for tyendet. Unge
karle såvel som unge piger kappedes om at erobre en le-
dig plads derude, og det var meget almindeligt i den peri-
ode, at tyendet tjente på gården i over en halv snes år. En
hel del blev endda gift derfra. Alle talte siden med begej-
string om "Dengång A tjent po Wildmoesgorn."

*

Krybskyttejagt har også været en del af Vildmosens
historie. Dette kan f.eks. illustreres med følgende beret-
ning fortalt af Søren Jensen, Nr. Kongerslev:

Det hændte, at vildsvinene brækkede ud fra Tofte Skov,
men det var sjældent, de kom længere end til Kjælling-
bjerggaard eller Smidie.

Når folk skulle have stegt vildsvin, så "lånte" de dem i
Tofte Skov, for at sige det pænt!

Der var en her i byen, der havde en del børn. Hvis de så
var f. eks. helt på spanden til jul, så måtte han gå den
trange vej til fattigforstanderen, hvor han fik 3 kr. For de
3 kr. skulle han, konen og alle børnene så holde jul. Men
som vedkommende mand engang sagde: "Det ku A ik gå
hjem te kunen mæ, så A gik i stejet hjem å hented min
bøs, gik u i musen, å da kom A te å ram en stour krondyr,
å en bette vildsvin. Krondyret røg ind te Ebba, og vildsvi-
net røg i æ saltkar derhjem."

Denne her gang, som han fortalte om, der gik det godt,
men en anden gang, da gik det knap så godt. Han fortalte:
"A måt' ligge i musen i to døgn, i en grøwt." Det var om

171

foråret, så det var koldt, men som han sagde: "Skytten fik
ik fat i mæ dengång heller. A fik mit dyr mæ hjem."

Lad os også høre, hvad Sigfred Poulsen, Kongerslev,
kan fortælle om jagten ud i mosen:

Bettesøen var lige blevet dæmmet op, da jeg flyttede
hertil i 1926. Vi gik meget på jagt ude ved søen. Der var i
tusindvis af ænder dengang, og der var aldrig et træ der-
ude, sådan som der er i dag.

Grev Scbimmelmann havde lavet en 7-8 skydehuse
omkring søen, som han og hans skydekammerater brugte
til at sidde i dækning ved, når der var klapjagt. Der var
kæmpestore flokke af ænder. Når de blev "klappet" væk
fra søen, sad greven og hans kammerater roligt og ventede
i skydehusene. Når ænderne så efter kort tid vendte tilba-
ge, så sad de bare der og plaffede løs. Jo, det var rigtig
jagt!

I dag er der aldrig en and derude, og de kommer heller
ikke igen, for nu er det hele så råddent, at dyrene ikke vil
være der. Der er faktisk kun blishøns tilbage."

"Jeg er tit derude," fortæller Sigfred, "og hvert forår
kommer et svanepar og slår sig ned i Bettesøen, men de
bliver der altid kun en månedstid, så flyver de igen. Des-
værre."

Sigfreds fortælling havde måske ikke så meget med
krybskyttejagt at gøre, men den handlede så om en anden
form for jagt, og så kan man skønne, hvad man mener
jagtmæssigt er mest humant. Nå, det var egne tanker!

Kilde: Jonna Thomsen: Historien om Lille Vildmose. Kongerslev 1991.

Lidt befolkningsstatistik

Antal indbyggere i de enkelte sogne

	1801	1850	1901	1930	1955
Sdr. Kongerslev	211	209	526	983	1205
Nr. Kongerslev	262	432	799	769	731
Komdrup	131	228	347	304	269
Gudum 1)	497	782	834	1211	1183
Lillevorde	168	263	334	363	329
Mou 2)	747	1088	1479	1954	2313
Sejlflod	163	223	380	510	488
Storvorde	305	407	697	811	853
	2484	3713	5396	6905	7371

1) Omfatter Gudum, Gudumlund og Gudumholm. I den bymæssige bebyggelse Gudumholm var der i 1930: 399 indbyggere og i 1955: 389 indbyggere.

2) Omfatter Mou, Egense, Dokkedal og Kærsholm. I den bymæssige bebyggelse Mou var der i 1955: 617 indbyggere.

Kilde: Trap 5. udgave.

Det lokalhistoriske landskab

Lokalhistorien er ikke blot noget, vi kan læse om. En temmelig stor del af et områdes lokalhistorie ligger nemlig udbredt foran os, hvis vi forstår at stille de rigtige spørgsmål og at gøre de nødvendige iagttagelser.

Hvad er der f.eks. bevaret af gamle stengærder? Det er almindelig viden, at da jorden blev udskiftet omkring år

1800 som et led i De Store Landboreformer, blev der anlagt i tusindvis af nye stengærder rundt om i landet. Gærderne var nødvendige for at holde dyrene ude fra egne afgrøder og ude af naboernes marker. Det var jo før landmændene kunne hegne med pigtråd og ståltråd.

Apropos stengærder kommer jeg til at tænke på et gammelt fotografi fra Jyllandsgade i Kongerslev optaget ca. 1916. Her ser vi en mark, hvor den gamle lægebolig nu ligger, og på marken er der en dynge store sten. (Fotografiet er gengivet s. 72 i min bog Kongerslev-Komdrup Kommune 1860-1916. Udgivet 1979.). En person med stor interesse for byens fortid fremsatte engang den interessante teori, at her havde der måske ligget en gammel middelalderborg, selv om der ganske mangler skriftlige kilder i denne retning. I dag er jeg dog ikke i tvivl om, at forklaringen er knap så romantisk. Stenene kan næsten kun stamme fra et gammelt gærde, og jeg har da også fået fortalt, at netop her skulle proprietærgården Mygdal i tidligere tid have haft en indhegning til sine svin. Hermed er gåden med den store stendynge formodentlig løst.

Hvis nogle skulle have lyst til at læse mere om de gamle danske stengærder, er der en glimrende artikel i bladet Natur og Miljø 1/1988.

Før Landboreformernes tid var bebyggelsen koncentreret til vore landsbyer, hvis vi ser bort fra herregårdene samt enkelte andre større gårde. I dag er der en forholdsvis tæt bebyggelse af ejendomme mellem byerne, men det er bestemt de færreste af disse ejendomme, der kan forklares med Landboreformernes udskiftning og udflytning. En del af de mange bebyggelser er derimod et resultat af de statshusmandslove, der er blevet gennemført i vort eget århundrede. Det gælder f.eks. Langelinie ved Sejlflod, der blev udstykket fra Englandsgård.

Det meste af bebyggelsen ude på Nr. Kongerslev Kær har helt andre rødder. Her var det byens gårde, som i sidste halvdel af det 19. århundrede lod udstykke kærlodder, så også de yngre sønner kunne få et jordbrug. Hvordan var det så med Storvorde Østerenge, Vaserne, Kongstedlund Kær, bebyggelsen mellem Dokkedal og Egense osv., osv.?

Nu er det naturligvis kun de færreste bygninger, der står i dag, som de stod, da de var nyopførte. Derfor skal der jo nok også i flere tilfælde en trænet iagttager til for at kunne konstatere de forskellige bebyggelsesområders omtrentlige alder, men lad så denne opgave blive løst på anden vis.

Der kunne muligvis være andre specielle træk, som det kunne være interessant at få noteret ned. F.eks. er jeg blevet fortalt, at samtlige ejendomme på Langelinie blev bygget af sten fra Englandsgårds teglværk. Købet af stenene var en betingelse for at kunne købe parcellen.

Hvad med at få lavet lidt lokalhistorisk arkæologi på alle vore ældste huse? Fra hvilke teglværker ser de ud til at have fået stenene. Der har jo nemlig været mange andre betydningsfulde teglværker end det i Gudumholm, som er bedst kendt af eftertiden. F.eks. har der været nogle stykker i Dokkedal, og der var et ved Sigsgaard i Nr. Kongerslev. En undersøgelse at brugen af de forskellige teglværkers sten kan sige noget om kvaliteten, men den kan så sandelig også sige noget om de lokale samfærdselsmuligheder.

Flere af fortidens hovedfærdselsårer ligger nu hen som ubetydelige markveje. Det gælder f.eks. den gamle vej mellem Kongerslev og Komdrup, og hvis nogen skulle få lyst til at køre en tur på den gamle vej mellem Dokkedal og Kongerslev, der går fra Vildmosegården og over Kongstedlunds jorder, kan det kun lade sig gøre på cykel. Der kan uden tvivl findes mange lignende eksempler. Hvordan ser det f.eks. nu ud med det gamle stisystem i den tidligere Gudum-Lillevorde Kommune?

I de gamle landsbyer fra før Landboreformernes tid lå de dyrkede marker, vangene, placeret i den umiddelbare nærhed, medens de fjernere jorder lå hen som overdrev. Her fik kvæget lov til at græsse frit under hyrdens opsyn. Ofte var der vildtvoksende træer og buske på overdrevet, men da de ikke stod nogen i vejen, var der ingen grund til at fjerne dem. Overdrevet blev simpelthen ikke passet på den samme intense måde som vangene. Er det også tilfældet i dag, at moradser og lignende ligger forholdsvist fjernt fra byerne, og er der grund til at tro, at det er et levn fra fortiden? Er der ikke en rimelig grund til at tro, at byerne netop er blevet placeret, hvor jorden var bedst?

Hvorledes ligger byerne i øvrigt placeret i forhold til landskabet? Hvad med vandløbene? Kan man udlede noget af kirkernes størrelse? Hvorfor ligger herregårdene netop der, hvor de gør? Når man betragter landskabet, vil det ene spørgsmål ofte føre det næste med sig.

Vi kan ikke få alle forklaringer ved kun at bruge øjnene, men vi kan få registreret en række vigtige detaljer, og det er væsentligt at få disse detaljer skrevet ned, så iagttageren ikke nøjes med at beholde sin viden for sig selv. Det skal overføres fra den individuelle hukommelse til den kollektive hukommelse. Hvis nogle går i gang med dette arbejde, er jeg sikker på, at det i fremtiden vil være med til at berige vor lokalhistorie på afgørende vis.

Lokalhistorien er nemlig ikke kun en samling skriftlige kilder i gamle papirer og støvede protokoller. Lokalhistorien er en del af det selvsamme landskab, som vi også betræder nu i dag. Det gamle knudrede træ har kastet sin skygge på flere generationer. Ja, hvorfor står det træ dog i grunden der?